Infidelidad genética y hormigas corruptas

HÉCTOR A. PALMA

Infidelidad genética
y hormigas corruptas

Una crítica al periodismo científico

teseo

Palma, Héctor A.
Infidelidad genética y hormigas corruptas : una crítica al periodismo científico
- 1a ed. - Buenos Aires : Teseo, 2012.
246 p. ; 20x13 cm. - (Ensayo)
ISBN 978-987-1859-04-7
1. Ciencia. 2. Tecnologia. 3. Periodismo. I. Título
CDD 070.4

teseo

Buenos Aires, Argentina

ISBN 978-987-1859-04-7

Editorial Teseo

Hecho el depósito que previene la ley 11.723

Para sugerencias o comentarios acerca del contenido de esta obra,
escríbanos a: **info@editorialteseo.com**

www.editorialteseo.com

Índice

Para Giuliano, por renovar la alegría y las preguntas

Presentación
Sobre lo que tratará
(y lo que no tratará) este libro

Desde hace muchas décadas, y de manera creciente, el mundo asiste a una situación inédita, pues la humanidad nunca antes encontró su vida cotidiana tan impregnada y atravesada por la ciencia y, sobre todo, por la tecnología. Si bien el costado más ostensible de estos procesos se da en el ámbito de las ciencias naturales (ciencias físicoquímicas y biológicas) y de las tecnologías asociadas a las comunicaciones y a la medicina, también en las ciencias sociales el fenómeno puede percibirse. Pero varias razones impiden que esa cotidianeidad de la ciencia y de la tecnología redunde en hacerlas más cercanas y accesibles, principalmente: el creciente alejamiento de la ciencia con relación a la experiencia cotidiana; la superespecialización de las investigaciones y de los científicos que las llevan a cabo; la tasa de aumento exponencial del conocimiento disponible. Entonces, mientras que parece de sentido común asumir como indispensable la necesidad de que la población maneje algún nivel de conocimiento más o menos relevante y pertinente sobre la ciencia y la tecnología, ellas, al mismo tiempo, permanecen como obras de especialistas cuya actividad esotérica no es posible entender ni, mucho menos, abarcar. En este sentido, esa suerte de subproducto de la ciencia que se denomina, genéricamente, "divulgación científica" aflora como elemento importante de la vida moderna y parece casi una obviedad que hay buenas razones para gastar dinero y esfuerzos para promoverla. Me permito sin embargo preguntar: ¿hay efectivamente buenas razones para hacerla? ¿Es necesario hacer divulgación? ¿Cumple con los objetivos prefijados?

No se trata de preguntas retóricas o que encubran *a priori* algún tipo de cuestionamiento, sino, más bien, de una demanda legítima para lograr una respuesta no trivial acerca de los fundamentos de una actividad tan corriente como insoslayable.

En la actualidad, casi todos los sectores y actores sociales relacionados o no de forma directa con la ciencia mantienen un consenso relativamente amplio y fuerte respecto de la importancia de apoyar el desarrollo de la ciencia y de la tecnología y de éstas para el desarrollo y el bienestar de los países. Todas las encuestas de percepción pública de la ciencia realizadas en los últimos tiempos reflejan claramente el convencimiento de la población al respecto. De hecho los organismos que promueven y subsidian la ciencia y la tecnología también reclaman, constantemente, un lugar importante para esa actividad. La SECyT[1] de Argentina ha configurado un plan nacional de comunicación pública de la ciencia, algo similar ocurre en Brasil a través de la Secretaría de Inclusión Social del Ministerio de Ciencia y Tecnología, y así la lista puede incluir prácticamente a todos los países latinoamericanos, EEUU y Europa. Los organismos internacionales como la UNESCO y la CYTED,[2] por citar sólo algunos, también realizan esfuerzos en pos de instalar y promover programas de divulgación.

Este consenso de trazo grueso sobre la necesidad de divulgar la ciencia y la tecnología es fundamentado a través de una batería más o menos estándar de argumentos (muchas veces defendidos acríticamente y desde el sentido común), y los que se ocupan de reflexionar sobre estas cuestiones y

---

[1]   La Secretaría de Ciencia y Tecnología (ahora Ministerio de Ciencia, Tecnología e Innovación Productiva) a través de la Agencia Nacional de Promoción Científica y Tecnológica.

[2]   Programa Iberoamericano de Ciencia y Tecnología para el Desarrollo.

de justificar sus nichos académicos de supervivencia sólo producen, en general, recetas prácticas (didácticas a veces) sobre las mejores formas de hacer efectiva la divulgación. Sin embargo, a mi juicio, es necesaria una reflexión crítica sobre las razones, la importancia y los límites de la divulgación, discusión preliminar conceptualmente aunque, de hecho, no temporalmente. Sobre esto tratará el capítulo final de este libro.

Para ir clarificando la cuestión comenzaré por explicar brevemente algunos conceptos más o menos equivalentes que se utilizan comúnmente para nombrar la actividad que nos ocupa. Lo que habitualmente se denomina "divulgación científica" ha recibido, en los últimos años, otras denominaciones.

Ph. Roqueplo (1983) define la divulgación científica como: "toda actividad de explicación y de difusión de conocimientos, la cultura y el pensamiento científico y técnico" realizada por fuera del sistema de enseñanza formalizado y sin tener como objetivo formar especialistas, sino, por el contrario, como forma de completar el bagaje cultural de los individuos por fuera de la especialidad. Piensa que es una actividad que debe estar dirigida al público masivamente por lo cual los medios masivos de comunicación cumplirían un papel fundamental.

Otros han utilizado denominaciones similares como, por ejemplo, "popularización de la ciencia y la tecnología" (Leitâo y Albagli, 1997) caracterizada como "el uso de recursos y procesos técnicos para la comunicación de información científica y tecnológica para el público en general". "Vulgarización de la ciencia" va en un sentido similar.

Pasquali (1979), por su parte, distingue entre difundir, divulgar y diseminar la ciencia. Mientras que "divulgar" se refiere a "transmitir al gran público, en lenguaje accesible, decodificado, informaciones científicas y tecnológicas"; "difundir" la ciencia es la tarea del investigador de transmitir al público los conocimientos sobre la disciplina; y, por último, "diseminar" consiste en enviar mensajes elaborados en lenguajes especializados a receptores selectivos y restringidos, es decir a sus pares disciplinares y especialistas.

Una denominación que también circula en los últimos años es "alfabetización científica" por analogía con la alfabetización en general, es decir referida al nivel elemental de competencias en ciencia y en tecnología que los ciudadanos necesitan para vivir en una sociedad científica y tecnológica.

Fayard (1988), por su parte, introduce el concepto de "comunicación pública de la ciencia" (*communication scientifique publique*) para referirse a los contenidos científicos vulgarizados, destinados a un público no especialista en situación no cautiva, excluyendo, por ende, la comunicación disciplinar entre especialistas y la enseñanza formalizada.

En este texto utilizaré la denominación "comunicación pública de la ciencia y la tecnología" (en adelante CPCT) para referirme a la actividad en general, aunque como todas las anteriores no está exenta de objeciones.

1. Acerca del periodismo científico

La parte sustancial de este libro no está referida a la CPCT como un todo homogéneo, sino a una parte del periodismo científico masivo (en adelante PC). No sólo porque la CPCT incluye otros estilos, formatos y medios, sino también porque el periodismo científico es mucho más amplio e incluye formas de mayor calidad, rigor y seriedad que las que serán tratadas en este libro. Sin embargo, aquí se han analizado más de 300 artículos aparecidos en los diarios de mayor circulación en Argentina (muchos de ellos traducciones de artículos aparecidos en periódicos de Europa y de EEUU) en los últimos 10 años (y algunos otros pocos casos de otra procedencia), lo cual convierte a esa selección en una muestra significativa, tanto por la cantidad y la extensión en el tiempo como por el volumen de lectores que han sufrido sus desmanes intelectuales. En este contexto se dejan de lado otras formas de hacer divulgación científica que suelen tener más calidad y seriedad, aunque tienen un alcance y una difusión mucho más restringidos. Por ejemplo, grandes maestros y referentes, como S. J. Gould, K. Sagan, P. Davies, J. Wagensberg por citar sólo algunos pocos, sobre cuyos trabajos no queda más que un respetuoso reconocimiento.

Este libro se ocupará, entonces, de analizar una parte importante del PC en la cual no sólo algunos de los problemas intrínsecos de la CPCT son más ostensibles, sino que, además, incluye algunas particularidades y desviaciones propias. Huelga señalar que el periodismo científico es una especialidad y un nicho académico, profesional y laboral tan respetable como cualquier otro y una forma legítima de hacer CPCT, pero, al menos en la enorme cantidad de artículos relevada en este libro, adolece de algunas limitaciones difíciles de superar. Sobre esto volveré en el capítulo final.

2. Algunas cuestiones metodológicas

Se analizará una cantidad importante de artículos periodísticos aparecidos en los principales diarios argentinos (muchos de ellos traducción de notas aparecidas en diarios extranjeros o provenientes de agencias de noticias) y algunos otros órganos de divulgación, pero atendiendo fundamentalmente a las imágenes y a las representaciones sobre la ciencia y la tecnología que el PC transmite. Como bien señala Mario Albornoz:

"el periodismo impacta en las percepciones que se forman los ciudadanos sobre la ciencia y la tecnología. Los medios masivos son por lo tanto mecanismos importantes en la construcción de la imagen y las representaciones de la ciencia y la tecnología y, debido a ello, también son relevantes para las políticas de comunicación científica" (Albornoz *et al.*, 2006, p. 4).

Sin embargo se trata, básicamente, de un sistema de mitologías (y en algunos casos de sus correspondientes contramitologías) que refuerzan esas imágenes y representaciones de la ciencia y la tecnología en la población de no especialistas. Es muy probable que la generación de esas imágenes y representaciones contenga de manera significativa elementos provenientes de la enseñanza institucionalizada y que el PC, a fin de cuentas hijo del éxito en cuanto a la cantidad de lectores, no haga más que montarse en esos dispositivos ideológicos y reforzarlos más o menos adecuadamente.

La selección de temas predominantes, algunas características en la presentación de los mismos y, sobre todo, algunos aspectos epistemológicos y conceptuales de las notas conforman un estilo muy peculiar y consolidado. La imagen que surge, en ocasiones, tiene poca relación con los contenidos relevantes de la ciencia y casi ninguna con la práctica efectiva de los científicos y conforma efectivamente un *discurso acerca de la ciencia*, un discurso que *habla sobre la ciencia*, pero de ninguna manera una ciencia traducida para principiantes y, en este sentido, adquiere una autonomía y una lógica propias.

No me ocuparé, salvo en algunos casos en que sea realmente necesario, de detectar y/o denunciar los errores (aquella información claramente errónea o confusa con relación a lo que el estado actual de la ciencia considera adecuado) de las notas de divulgación, no porque no los haya (prácticamente no hay nota que no los tenga) sino porque me interesa mostrar otra cosa: de qué modo el discurso del PC (con errores o sin ellos), en la medida en que es autónomo y único a los ojos del lector, transmite y refuerza imágenes y representaciones acerca de la ciencia y la tecnología. Para un lector no especialista, desprevenido y corriente, se trata del texto único de acceso posible a la cuestión, porque no recurre a las fuentes originales ni, en general, posee elementos para desarrollar análisis críticos específicos sobre el mismo. Por ello no interesan tanto los errores (al menos aquí). Es probable que en muchos casos se trate de malos artículos periodísticos a partir de algún trabajo científico serio; también puede ocurrir que se trate de buenos artículos periodísticos basados en trabajos científicos irrelevantes; incluso también se encuentran buenos artículos periodísticos derivados de buenos trabajos científicos. En cualquier caso, interesa analizar aquí lo que dice la nota como fuente única porque eso es lo que lee el público. Similar criterio se empleará con las declaraciones de los científicos que se citan textualmente. Es probable que en muchos casos haya recortes o incluso tergiversaciones de los dichos originales (entrevistas tomadas telefónicamente sin control posterior, afirmaciones del científico que van en contra de lo que el periodista quiere transmitir, incomprensión por parte del periodista, incapacidad para explicar correctamente por parte del científico, u otras causas). Pero vale el mismo criterio metodológico de tomar por válido lo escrito.

Todos los artículos están citados con fuente, fecha y título, sin incluir los nombres de los autores (de hecho muchas veces son sólo traductores) porque lo que interesa aquí es analizar un estilo y una forma particulares de hacer PC, que va más allá de los individuos particulares.

3. Acerca de las formas y los estilos

Una rápida recorrida por las notas que aparecen en los periódicos muestra que existen algunos temas dominantes: genética, conducta humana (desde una psicología estadística, pasando por la "sociobiología" y la psicología evolucionista, hasta los estudios de las neurociencias), salud y ciencias médicas y, bastante minoritariamente, astronomía y física. Lo de siempre. Casualmente o no, las temáticas coinciden, aunque en una clave mediada por la ciencia y el periodismo, con las angustias existenciales humanas más profundas: la vida, la muerte, el futuro y nuestro lugar en el cosmos. A este sesgo temático se agrega una serie de patrones epistemológicos e ideológicos. Veamos algunos de los principales.

Suele prevalecer en el PC un tono burlón y festivo probablemente en el convencimiento de que eso hace más accesible a la población los áridos temas de la ciencia. Sin embargo esa amenización de la ciencia suele llevar a la trivialización, a la frivolidad, a la superficialidad, e incluso a grandes distorsiones ideológicas,[3] sea porque surge de gruesos errores desde el punto de vista científico, epistemológico y de especulaciones infundadas, sea porque el desprecio por la rigurosidad y la palabra se confunde con una decisión metodológica y disciplinar dirigida a lectores menospreciados y cuyo objetivo parece ser simplemente mantener un (pequeño) nicho más de supervivencia profesional.

Es común también un desacople alarmante entre el título de la nota y el contenido, no sólo en el sentido opinable de cuál sea el mejor título, sino, lisa y llanamente, porque en la nota se dice lo contrario o algo muy diferente de lo que promete el título. Si bien este mecanismo es corriente

---

[3]   Véase al respecto Wolovelsky, 2008.

en el periodismo político por razones que no analizaré aquí, resulta llamativo que esto ocurra en el PC. Una variante de esto es que el título suele ser más rimbombante y espectacular que el modesto contenido. Es claro que la necesidad de un título atractivo es parte de la lógica periodística comercial, derivada seguramente del periodismo de espectáculo que ha impuesto su formato en todos los demás ámbitos (periodismo político, deportivo, etc.), aunque sería deseable algo más austero y prudente en el PC. También se hallan, seguramente porque los tiempos de la ciencia no respetan la periodicidad de los suplementos de ciencia, notas que hablan de grandes descubrimientos que, en realidad, ya tienen varios años en el corpus de la ciencia o son sólo investigaciones incipientes y preliminares.

Una constante en artículos relacionados con la genética y las neurociencias es rescatar alguna posibilidad terapéutica futura, real o imaginaria, seguramente como residuo periodístico de la necesidad, legítima por otra parte, de cubrir la relevancia del uso de fondos recibidos y asegurarse los futuros. Por el contrario, muchas veces los estudios tienen un fin casi exclusivamente terapéutico, pero los títulos de los artículos se refieren a cuestiones más impactantes.

El lenguaje matemático y el número siguen ejerciendo fascinación en los científicos, el público y los periodistas. Así, suele ocurrir que investigaciones completamente triviales se expresen en un lenguaje numérico o que se lancen números y cifras que no responden a ninguna investigación seria o imposibles de obtener, como por ejemplo que los genes determinan el 50% (el 30, el 40, el 21,2..., da lo mismo) de tal o cual conducta o característica mientras que el resto correspondería a la influencia del ambiente.

El clima cientificista que sobrevuela la mayoría de los artículos se refleja, por un lado, en el (supuesto) abordaje científico de las trivialidades más burdas y, por otro lado, en la fantasía tecnocrática de que es posible lograr todo y de que los problemas humanos más profundos tendrán una solución tecnológico-científica.

El tono y el tratamiento de los contenidos contribuyen a conformar una imagen de la ciencia descontextualizada, ajena a todo conflicto que no sea meramente teórico y, a veces, ni siquiera eso. La práctica científica aparece como una tarea ingenua, ahistórica y de mero "des-cubrimiento", escondiendo un realismo ingenuo en el cual la tarea resulta sólo la mostración de lo que está oculto pero disponible y esperando la observación o el experimento correcto. No sólo se transmite una imagen estereotipada y falsa de la práctica científica, sino que nunca se plantean conflictos ideológicos y/o paradigmáticos en áreas donde éstos son una de las claves para la comprensión de los fenómenos estudiados. Se presenta a la ciencia (y a la tecnología) según una metáfora deportiva en la cual de lo que se trata es de batir constantemente el récord anterior, en una línea progresiva.

Capítulo 1
Genética y ciencias biomédicas

1. Consideraciones generales y un poco de historia

Un estilo de título más que habitual en los artículos periodísticos en el área de las ciencias biológicas y biomédicas es el que anuncia el "Hallazgo del gen de...". Aunque no siempre explícito, subyace en estos escritos un estilo de pensamiento biológico denominado determinismo biológico (en adelante DB). Se trata de un supuesto teórico cuando menos controvertido que podría caracterizarse en palabras del gran paleontólogo y divulgador S. Gould como la creencia en que:

> Tanto las normas de conducta compartidas, como las diferencias sociales y económicas que existen entre los grupos –básicamente diferencias de raza, de clase y de sexo– derivan de ciertas distinciones heredadas, innatas, y que, en este sentido, la sociedad constituye un fiel reflejo de la biología (Gould, 1996 [2003], p. 42).

En la caracterización de Gould aparecen los dos elementos fundamentales que muestran que el DB no es sólo un programa de las ciencias biológicas, sino que también se refiere a la relación con la estructura y el funcionamiento de la sociedad. El estilo de argumentación es muy antiguo y remite a la búsqueda de una naturaleza humana que legitimaría el orden social, uno de los tópicos de la filosofía desde la Antigüedad. Sin embargo, la apelación a la biología en la búsqueda de la naturaleza humana es un fenómeno mucho más tardío, básicamente del siglo

XIX.[4] Cuando la filosofía comenzó a discutir y, en algunos casos, a plasmar jurídica y políticamente la igualdad por naturaleza a partir de la Modernidad, las ciencias biológicas y biomédicas se encargaron de establecer, por sobre esa igualdad abstracta, la naturaleza humana de las diferencias raciales o de grupos y, por ende, de las jerarquías sociales. Las teorías científicas que produjo este estilo de pensamiento son variadas y de menor o mayor grado de sutileza y complejidad aunque repiten el mismo patrón argumental de base: hay una dotación biológica, detectable, medible y hereditaria que determina las cualidades diferenciales según las cuales pueden establecerse jerarquías por razas o por grupos de diversa conformación, y que explican y legitiman las diferencias en lo social. En suma, la *desigualdad se explicaría a través de la diversidad*. Digamos algo de estas teorías científicas del pasado.[5]

La *frenología*, iniciada por el médico austríaco J. Gall (1758-1828), estaba dirigida a detectar las zonas del cerebro en las que se encontraban localizadas con cierta precisión las distintas funciones, cuyo desarrollo ocasionaba la

---

[4]   Apelar a la "naturaleza humana", es decir a ciertas características suprahistóricas, determinantes para legitimar el ordenamiento social, político y jurídico, no es privativo de las ciencias biológicas (en todo caso la "filosofía natural" para el siglo XIX). También la filosofía política reconoce antecedentes al respecto: Platón y Aristóteles fundamentan una estructuración jerárquica de la sociedad por la desigualdad natural de los hombres; los iusnaturalistas modernos (véase Bobbio, 1985) como Hobbes, Locke, Rousseau entre otros –ya defensores de la igualdad humana a diferencia de los antiguos– legitiman distintos ordenamientos de la sociedad civil basada en el contrato social, a partir de diferentes concepciones de esa igualdad humana por naturaleza –malvada en Hobbes, pacífica en Locke y amoral en Rousseau–. Marx, a su vez, por tomar sólo un ejemplo más, tiene como elemento clave, para impugnar las distorsiones que el modo de producción capitalista imprimiría a la vida de los explotados, su consideración del hombre como un ser que tiene en su naturaleza el trabajar.

[5]   Véanse entre otros: Gould, 1996 y Chorover, 1979.

hipertrofia de esas zonas con el consiguiente abultamiento del cráneo que les recubría. Así, un mapa craneano informaba sobre las cualidades morales e intelectuales innatas de los individuos. Gall estableció casi treinta fuerzas primitivas que se podían medir examinando el cerebro, entre las que se encontraban las correspondientes a la reproducción, al patriotismo, al amor, a la progenie, a la amistad, al odio, al instinto de matar o robar, aunque sus afanes estaban puestos en localizar la memoria, núcleo del funcionamiento cerebral. Otros han llegado a encontrar alrededor de cien zonas cerebrales.

La *craneometría*, basada en la convicción de que, como expresara el internacionalmente famoso médico estadounidense S. G. Morton (1785-1851), "puede establecerse objetivamente una jerarquía entre las razas basándose en las características físicas del cerebro, sobre todo en su tamaño", comienza a medir el volumen de los cerebros. Morton encontró lo que esperaba encontrar, es decir que el grupo *caucásico moderno* tenía el mayor promedio (1508 centímetros cúbicos para "familia teutónica" integrada por alemanes, ingleses y norteamericanos); le seguía el grupo *malayo* (1393 centímetros cúbicos); el grupo *negro* (1360 centímetros cúbicos) y finalmente el grupo de *indígenas americanos* ("toltecas, peruanos, mexicanos y tribus bárbaras" con un promedio de 1295 centímetros cúbicos).[6] Los trabajos de Paul Broca (1824-1880) contribuyeron a diversificar las técnicas, las medidas y las relaciones cuantitativas consideradas relevantes. Luego se comienza a pesar los cerebros en lugar de medir su volumen a través de la

---

[6]   Si bien éstas y otras mediciones adolecen de errores metodológicos (véase Gould, 1996), no se trataba de ninguna manera de fraudes. Más bien habría que pensar que los científicos "encuentran aquello que se espera encontrar", conducta bastante habitual en la ciencia (y en otros ámbitos) que, lejos de tratarse de un problema de los individuos, es una cuestión epistemológica fundamental.

cavidad craneana, con la convicción de que la densidad podía ser un mejor indicador que el volumen. Se hizo una costumbre bastante generalizada entre los hombres de ciencia y los profesores universitarios donar su cerebro (todavía andan dando vueltas por los *freezers* del mundo algunas fetas del cerebro de Einstein, muerto en 1955). El criterio extendido de que las facultades superiores de la inteligencia radican en el lóbulo frontal dio lugar a las mediciones del *ángulo facial,* medida basada en la forma de la cabeza y que corresponde a la pendiente de la frente colocando el cráneo de perfil.

> Los dos extremos (...) de la línea facial humana son los 70 y los 100 grados, que corresponden al negro y al antiguo griego respectivamente. Por debajo de 70 están los orangutanes y los monos, más bajo todavía, la cabeza del perro. (Citado en Chorover, 1979 [1985], p. 53.)

La *antropología criminal* está basada en la idea de la recapitulación[7] y fue desarrollada, inicialmente en forma sistemática, por el médico y criminalista italiano C. Lombroso (1835-1909). A partir de la publicación de *L'uomo delincuente,* Lombroso elaboró su teoría del *criminal nato,* no sólo como una vaga afirmación del carácter hereditario del crimen –opinión bastante generalizada en la época por otra parte–, sino como una verdadera teoría evolucionista que, basada en la evidencia de los datos antropométricos, sostenía que los criminales son tipos atávicos –gérmenes procedentes de un pasado ancestral– que perduran, aletargados, en los seres humanos. En algunos individuos

---

[7]   Entre las muchas derivaciones de la idea de recapitulación aparece la reinstalación por parte del zoólogo alemán E. Haeckel (1834-1919) de una vieja idea predarwiniana: la ontogenia recapitula la filogenia. Es decir que los individuos a lo largo de su desarrollo (ontogenia) atraviesan una serie de estadios que corresponden, en el orden correcto, a l̮ diferentes formas adultas de sus antepasados (filogenia).

desafortunados aquel pasado vuelve a la vida y los impulsa a comportarse como lo harían un mono o un salvaje normales, pero en nuestra sociedad su conducta se considera criminal. Afortunadamente, sostiene Lombroso, podemos identificar a los criminales natos porque su carácter simiesco se traduce en determinados signos anatómicos. Si bien la conducta criminal también puede aparecer en hombres normales, se reconoce al *criminal nato* por su anatomía: el largo de los brazos, la capacidad craneana, rasgos como la asimetría facial o características del rostro, mayor espesor del cráneo, simplicidad de las suturas craneanas, mandíbulas grandes, precocidad de las arrugas, frente baja y estrecha, orejas grandes, ausencia de calvicie, piel más oscura, mayor agudeza visual, menor sensibilidad ante el dolor y ausencia de reacción vascular (incapacidad de ruborizarse). Pero también avanzó en otra clase de estigmas no propiamente simiescos: comparó, por ejemplo, los dientes caninos prominentes y el paladar achatado con los lemures y la asimetría facial de algunos delincuentes con la ubicación de los ojos en el cuerpo en algunos peces. Lombroso llegó a agregar otros signos de la criminalidad no propiamente antropométricos, tales como las jergas que utilizan los criminales que, según sostenía, contenían una gran cantidad de voces onomatopéyicas, semejantes a las de los niños que no hablan correctamente; también la presencia de tatuajes, reflejo tanto de la insensibilidad al dolor como del atávico gusto por los adornos fue considerada signo de delincuencia.

Hacia fines del siglo XIX y sobre todo en el siglo XX se comienza a medir, además de estos rasgos físicos concretos y observables, una función del sistema nervioso central como la inteligencia (véase Gould, 1996). Estos tests, que inicialmente tenían una función meramente instrumental consistente en detectar niños con problemas para transitar exitosamente la escuela (en el contexto de la universalización de la educación), terminaron siendo, a través de ciertas torsiones ideológico-científicas, instrumentos que medían una "cosa" llamada inteligencia.

Todas estas formas de DB extendidas en el tiempo terminaron siendo insumos para el movimiento eugenésico, en la primera mitad del siglo XX, cuyo objetivo era, básicamente, tomar medidas para el mejoramiento de la descendencia humana, para posibilitar la reproducción diferencial de ciertos grupos considerados valiosos o mejores y para inhibir la reproducción de los inferiores. En el "Capítulo 3" volveremos sobre este punto.

Hacia la década de los setenta del siglo XX, aparece la sociobiología,[8] basada en los éxitos de la genética y la biología molecular. La sociobiología es un programa de investigación que pretende utilizar la teoría de la evolución para dar cuenta de características significativas de índole social, psicológica y conductual en distintas especies, entre ellas la humana; por lo tanto es una teoría del origen y de la conservación de las conductas adaptativas por selección natural. Pretende estudiar las bases biológicas (genéticas) de todas las formas de comportamiento social, incluyendo el parentesco y la conducta sexual, partiendo de la selección natural y del concepto de eficacia inclusiva (dejar el máximo número posible de descendientes).

En la actualidad, el DB se expresa fundamentalmente como determinismo genético y el PC transmite la creencia de que, si se espera lo suficiente (sólo sería cuestión de ir desvelando uno a uno cada gen y su función), el desciframiento de todos los códigos genéticos daría a la humanidad el conocimiento (y el control tecnológico) de las causas de todas nuestras enfermedades, nuestras conductas y

---

[8]   Se considera en general como el inicio de la moderna sociobiología humana la publicación, en 1975, del libro de E. O. Wilson, *Sociobiology: the new Synthesis*.

nuestros rasgos. Esta creencia, reforzada por algunos logros parciales restringidos a las enfermedades monogenéticas y alimentada en buena medida desde medios científicos, podría resumirse en la fórmula: "todo lo que somos (y seremos) ya está previsto en nuestros genes".

Esta creencia surge en buena parte de la divulgación, a veces como consecuencia no escrita de los temas tratados, a veces de forma manifiesta y explícita. *Clarín*[9] recoge declaraciones de Gregory Stock, director del programa Medicina, Tecnología y Sociedad de la Universidad de California, quien asegura que "pronto vamos a tener en las manos el control de nuestra propia evolución". Curiosamente, el Dr. Stock reconoce la influencia del medio además de la genética, con lo cual uno esperaría un determinismo debilitado que otorgase un papel importante a las condiciones de vida, pero para este científico la influencia del medio radica en que, si bien se puede alargar la vida 20 años genéticamente, "en cualquier momento uno puede ser atropellado por un auto" (sic). Claro está que este reconocimiento de la influencia del ambiente es, en verdad, un reconocimiento nulo. Pero me interesa rescatar otro tipo de declaraciones:

> En el próximo siglo habrá bancos de genes y los padres podrán elegir las características físicas e intelectuales de sus hijos. (...) ¿Eso no es presuponer que somos estrictamente genéticos? [pregunta la periodista]
> –No lo sé. Pero está *comprobado* que las personas a las que les gustan las situaciones riesgosas portan un gen vinculado con esa actitud, y otras tienen un gen que las hace más divertidas. Dicen que la felicidad también tiene un origen genético.
> –¿Los padres podrán decir quiero un hijo más inteligente, más obediente?

---

9   "La revolución de los genes", *Clarín*, 10 de abril de 1999.

–Por supuesto. Y con esa inteligencia podrán ser lo que quieran ser: escritores de novelas o estrellas de rock.
–¿Cómo se logrará esto? ¿Habrá bancos de genes?
–Es posible. Y servirán para intervenir en la evolución y, espero, para *mejorar nuestra especie*.[10]

Aunque en el "Capítulo 3" retomaremos el tema del movimiento eugenésico, vale la pena detenerse un poco en esta expresión: "*mejorar nuestra especie*". En la historia de Occidente, el axioma "mejorar la especie" (con sus símiles "mejorar la raza", o grupos, etc.) ha tenido un lugar destacado y ha propiciado todo tipo de atrocidades, como los genocidios más espantosos. Por otro lado, qué pueda significar "mejorar la especie" es algo difícil de elucidar. Si se trata de eliminar algunas enfermedades genéticas, la biología seguramente tiene algo para decir y hacer, pero se trata de una tarea limitada, no sólo porque esto sólo es posible en enfermedades monogenéticas muy definidas, sino porque tampoco queda claro que una tarea así, con sus innegables beneficios individuales para aquéllos que genéticamente sean proclives a desarrollar tales enfermedades y sus allegados, sea en sí misma un éxito evolutivo. Es decir que aun teniendo éxitos parciales (como seguramente los hay y los habrá) no queda muy claro que eso signifique "mejorar la especie". Si no fuera por la trágica experiencia histórica podría decirse que se trata más bien de una fantasía adolescente. ¿Qué cosa sería una especie mejor? Si de lo que se trata es de mejorar las condiciones de vida de la humanidad, es una tarea eminentemente política. Si, en cambio, se trata de modificar las características morales y conductuales humanas, la biología parece tener muy

---

[10]   Salvo expresa indicación de lo contrario, de aquí en adelante todas las bastardillas en las citas correspondientes a los artículos periodísticos son mías. Asimismo mis indicaciones y mis comentarios intercalados en algunas de las citas se ubican entre corchetes.

poco para decir y más bien se trata de una tarea cultural (probablemente destinada al fracaso).

Volvamos al DB: ¿qué tiene de malo o de erróneo? Es mucho y muy detallado lo que podría decirse.[11] Me parece sin embargo que hay dos cuestiones centrales que deben considerarse. Con respecto al estatus científico del DB bien podría preguntarse: ¿es cierto que nuestras principales conductas y características relevantes socialmente están determinadas genéticamente? La verdad es que no lo sabemos con certeza; los científicos no lo saben con certeza y es uno de los debates actuales más relevantes. Seguramente las versiones más fuertes del DB –aquéllas que niegan o minimizan la relevancia del ambiente– son falsas, y seguramente las versiones más débiles –aquéllas que sostienen que para cualquier condición o característica es necesaria una base genética– son triviales. Es muy probable que la verdad en estas cuestiones sea más "aburrida" de lo que algunos científicos en su exposición mediática y el PC puedan suponer. En palabras de F. Jacob:

> Como todo organismo viviente, el ser humano está genéticamente programado, pero programado para aprender (...) En los organismos más complejos, el programa genético se torna menos coercitivo, más abierto (...) en el sentido de que no prescribe en detalle los diferentes aspectos del comportamiento, sino que le deja al organismo la posibilidad de elección (...) La apertura del programa genético aumenta en el curso de la evolución para culminar con la humanidad (Jacob, 1981, p. 34).

S. Gould se expresa en el mismo sentido:

> La violencia, el sexismo y la sordidez son biológicos, puesto que representan un subapartado de todo un posible abanico

---

[11]   Véanse entre muchos otros: Gould, 1996; Sober, 1993; Ruse, 1973; Dobzhansky, 1973; Rose, 1997.

de comportamientos. Pero la tranquilidad, la igualdad y la amabilidad son igual de biológicas, y veríamos su influencia si pudiéramos crear una estructura social que les permita florecer.

El error que comete el PC no es tan solo adherir por acción, estilo u omisión a un DB burdo, sino que, además, lo hace a través de una imagen errónea del funcionamiento de la genética. Sobre todo de la idea "un gen-un rasgo", lo que Gould llama "genética de saco de judías", y que consiste en creer que hay genes individuales o grupos de genes que intervienen en el control de las diversas formas del comportamiento social humano. Según esto, habría una relación univoca, detectable y manipulable, "un gen-un rasgo", y sólo habría que esperar su identificación específica. Lo humano en general, entonces, resultaría de la suma de todos esos genes individuales que a su vez son el resultado de millones de años de evolución en los cuales han sido seleccionados exitosamente una y otra vez. Se basa en la errónea idea adaptacionista según la cual la selección natural sería:

> un arquitecto prácticamente omnipotente, que va constru-
> yendo los organismos pieza por pieza en forma de soluciones
> óptimas a los problemas de la vida en ambientes locales.
> Fragmenta los organismos en "características", explica su
> existencia como si fueran un conjunto de soluciones óp-
> timas y argumenta que cada característica es un prodigio
> de la selección natural que actúa "en favor" de la forma o
> comportamiento en cuestión (Gould, 1983 [2004], p. 205).

Asimismo es un mito la idea del gen todopodero-
so (Hubbard y Wald, 1999) que se "basa en un enfoque científico erróneo que descarta el medio en que nosotros y nuestros genes existimos. Es muy peligroso; da cabida

a discriminación genética y a manipulaciones médicas arriesgadas" (Hubbard y Wald, 1999, p. 43).

Otro error muy frecuente en el PC es, en aras de dejar sentado que la influencia del medio es un factor gravitante, establecer porcentajes de tales influencias determinantes: X% para los genes, X% para el medio ambiente. Nadie sabe cómo sacan esos porcentajes y creo que es absurdo pensar el problema en esos términos.

La otra cuestión importante que debe señalarse es que el DB no es sólo una evaluación de la incidencia de los factores genéticos y hereditarios en las características de los humanos, sino que en todas sus formas dice algo más. En el fondo se trata de dar una respuesta biológica al problema de las diferencias sociales. El procedimiento argumental por el cual se pretende concluir lo que debe ser (el mundo propiamente humano, ético, político y social) a partir de lo que es (el mundo natural) está viciado de un error lógico, falencia ya señalada claramente por D. Hume en el siglo XVIII. En el fondo se está confundiendo diversidad con desigualdad. La diversidad (genética o fenotípica) es asunto biológico, mientras que la desigualdad es asunto ético-político (véase Dobzhansky, 1973). La biología, en términos generales, no tiene nada para decir acerca de la igualdad/desigualdad. Sin embargo, esta objeción no sólo no ha evitado que se cometiera tal error lógico –después de todo, la vida práctica pocas veces se rige por la lógica–, sino que, por el contrario, la historia nos muestra una ubicua costumbre de legitimación del orden social a través de la apelación a una supuesta naturaleza humana de orden biológico. El error es común, a veces con las mejores intenciones. Por ejemplo en un artículo del suplemento Futuro de *Página 12*,[12] en el cual se ponen en tela de juicio las investigaciones de algunos laboratorios

---

[12]   "Parecidos...", *Página 12*, 18 de diciembre de 2010.

para diferenciar medicamentos para los distintos grupos "raciales", se cae en este error:

> Una vez que el Proyecto Genoma Humano (PHG) –una iniciativa pública destinada a conocer los secretos más íntimos de nuestro ADN– había determinado que todos los seres humanos compartíamos más del 99% de nuestra dotación genética, parecía que el concepto de raza, tristemente célebre a lo largo de la historia de la Humanidad, *quedaría definitivamente desterrado en manos de la evidencia científica*. Sin embargo, diez años después, estudios de farmacología o de prevalencia de enfermedades siguen buceando el tormentoso mar de las diferencias entre individuos negros o blancos, asiáticos o africanos, con criterios más o menos abarcativos.

El racismo es un problema socio-antropológico que en el siglo XIX y primera mitad del XX requirió el aval de las ciencias biológicas y biomédicas, pero la ciencia biológica no puede ni convalidar ni refutar la idea de las jerarquías raciales (para ello es irrelevante compartir el 99%, el 80% o el 50% del genoma). Además, después de todo, quizá sea cierto que distintos grupos étnicos requieran de diferentes formas de tratar algunas enfermedades. Pero ello tampoco tendría ninguna relación con el concepto de racismo.

Los artículos que recogen trabajos en sociobiología y psicología evolucionista y estudios afines suelen seguir ciertos patrones más o menos repetidos. En primer lugar los experimentos con gemelos, bajo el supuesto de que están dotados genéticamente de manera casi idéntica. Una variante consiste en trabajar con gemelos separados al nacer. La gran similitud genética entre ellos probaría el peso que los genes tienen en las características y en las conductas. En segundo lugar, muchos trabajos en los cuales se hacen entrevistas o se dan consignas acerca de temas sumamente complejos y controversiales (como la felicidad, la generosidad, el amor, la envidia, etc.) presuponen sujetos homogéneos, que no sólo comprenden exactamente de la misma manera las consignas, sino que también responden con los mismos patrones a ellas y, por tanto, sus respuestas serían conmensurables.

Otra característica ubicua es una tendencia a eliminar las diferencias entre animales y humanos de un modo exagerado o ilegítimo, epistemológica y conceptualmente. Así, en ocasiones se antropomorfiza a los animales y en otras ocasiones se zoologiza a los humanos. Tradicionalmente el hombre se ha considerado a sí mismo como diferente (y superior) al resto de los seres vivientes, aunque compartiendo con el resto de los vivientes características materiales biológicas básicas, consideración que impregnó la filosofía y las religiones desde la Antigüedad. El sentido de la vida humana estaba dado por esa discontinuidad (para el caso del cristianismo su "imagen y semejanza" con el creador). Pero el siglo XIX, con la teoría darwiniana de la evolución, ubica el origen de la humanidad en el devenir natural a partir de ancestros no humanos, de modo tal que impulsa un núcleo inequívoco pero, sobre todo, adecuadamente zoocéntrico. El hombre pasó a formar parte del sistema de lo viviente sin más privilegios biológicos que cualquier otro animal. Otros importantes desarrollos de la biología de la segunda mitad del siglo XIX van en la misma dirección y así los principios generales de la especie humana coinciden con el resto del mundo viviente. Sin embargo, este razonable zoocentrismo puede pasar de lo que en un principio resultó un gran avance del conocimiento y la cultura humana (el hombre es un animal más) a la exageración de pensar que el hombre es "tan solo" un animal más y que las mismas explicaciones valen tanto para las conductas animales más simples e instintivas, como para los elaborados rituales conductuales humanos. La continuidad entre animales y humanos, perfectamente probada en las ciencias biológicas, no debe hacer perder de vista que también hay profundas discontinuidades que no radican, que quede absolutamente claro, en ninguna naturaleza especial ni sagrada, sino que son el resultado de la evolución, pero cuyas consecuencias se desprenden (supervienen o emergen, en un lenguaje algo más técnico) de su origen evolutivo. Muchos estudios muestran claramente que hay sólo una diferencia de grado entre algunas de las características humanas y sus equivalentes en otras especies, sobre todo en otros mamíferos en general y primates en particular. Pero algunos rasgos de la evolución humana, como por ejemplo el lenguaje, que lleva a consecuencias que se independizan de su origen biológico, obligan a plantear claramente una discontinuidad profunda. Como dice Gould:

> El zoocentrismo es la principal falacia de la sociobiología humana, ya que esta visión del comportamiento humano se basa en la argumentación de que si las acciones de los animales "inferiores", con sus sistemas nerviosos simples, surgen como productos genéticos de la selección natural, el comportamiento humano debería tener una base similar. Los seres humanos somos también animales, ¿no? Sí, pero animales con una diferencia. Y esa diferencia surge, en parte, como resultado de una enorme flexibilidad basada en la complejidad de un cerebro de gran tamaño y de la base, potencialmente cultural y no genética, de los comportamientos adaptativos; aspectos de la construcción humana que dejan de lado cualquier extrapolación zoocéntrica, desde el por qué algunos insectos se comen a su pareja, hasta el asesinato en las familias humanas (Gould, 1983 [2004, p. 205]).

Como contraparte, ese zoocentrismo reduccionista se ve complementado en muchas ocasiones con el argumento inverso: la antropomorfización de los animales. De hecho buena parte de las conclusiones acerca de las conductas humanas se infieren de estudios sobre animales. Así, zoologismo y antropomorfismo son dos caras de la misma moneda de la estrategia argumental sociobiológica, que adquiere en el PC su versión más burda. Una consecuencia bastante habitual de la antropomorfización del mundo animal es la inclusión de un discurso moralizador que no sólo es aplicado de manera ilegítima al mundo animal, sino que además responde a pautas de una moralina tradicionalista, a veces filoreligiosa y plagada de prejuicios y preconceptos acerca de las relaciones humanas.

Veamos, ahora sí, los artículos.

2. El gen de...

Los artículos del formato "Hallaron el gen de..." parecen ser los preferidos por el PC en el campo de la genética. En algunos casos (los menos) pueden encontrarse algunas notas que relacionan directa y claramente un gen con una enfermedad, pero las páginas de los periódicos están inundadas de artículos sobre el gen de la infidelidad, de la homosexualidad, de la inteligencia y, con algo menos de presencia, el gen de la ideología, de la generosidad/del egoísmo, de la velocidad, de la religiosidad, de la soledad, del miedo, de los celos, etc.

2.1 El gen de la infidelidad

El gen de la infidelidad lleva la delantera en cantidad de apariciones, quizá porque muchos piensan que puede proveer de argumentos irrebatibles para achacar toda suerte de tropelías sexuales al irrefrenable mandato biológico y eludir la condena social y, por qué no, jurídica. En 2001, *Clarín*[13] comentaba el libro del zoólogo David Barash y de su esposa Judith Eve Lipton, psiquiatra, titulado *El mito de la monogamia. Fidelidad e infidelidad en los animales*

---

[13]   "Una investigación sostiene que la monogamia es un mito", *Clarín*, 29 de abril de 2001.

y en los humanos. Señala que los dos conocidos investigadores "acumularon una importante documentación que les permite sostener que relaciones sexuales externas a la pareja son la norma. Tanto la biología como el sentido común sostuvieron desde hace mucho que el varón está más interesado en múltiples parejas sexuales que en la monogamia, pero recién ahora asumimos que las mujeres también tienen los mismos deseos", sostiene Barash. "La monogamia es rarísima en la naturaleza; ni siquiera animales simbólicos como los gansos son monógamos; e, indudablemente, uno de los menos monógamos es el ser humano", agrega. Si bien el término "monogamia" podría aceptarse con un sentido metafórico (aunque nunca inocente, por cierto), aplicable a las distintas especies, bien podría preguntarse: ¿qué promesa o compromiso social o jurídico están incumpliendo las ratas o los gansos infieles?

En la misma línea, *Clarín*[14] informa que un "prestigioso equipo de científicos de la Universidad de Harvard" realizó un experimento (las palabras "prestigioso" y "experimento" les gustan mucho a los divulgadores) y asegura que existe no sólo "el gen de la *fidelidad conyugal*" sino también "el del *amor hacia los hijos y el de la personalidad romántica*". Hay que advertir que estos experimentos se realizaron sobre ratones y moscas. Esto parece estar avalado por un estudio anterior comentado también en *Clarín*[15] en el cual "un ratón poco *simpático y promiscuo* pasó a ser, por la fuerza de un gen *inyectado* (sic), un animalito más sociable y *fiel*. (...) Por un lado, el ratón campestre, *que siempre se ha destacado por su fidelidad* (sic), es monógamo, *ayuda a crecer a sus hijos* y gasta buena parte de su tiempo con su *única esposa*.

---

14   "Los genes de la infidelidad, el amor y la personalidad, al desnudo", *Clarín*, 21 de julio de 2005.

15   "Con un gen modifican la conducta de los ratones", *Clarín*, 25 de agosto de 1999.

Mientras que sus primos, los ratones montañeses, viven recluidos en las montañas y, cada tanto, salen a buscar pareja". Nótese el lenguaje antropomórfico: "simpático y promiscuo", "ayuda a crecer a sus hijos", "única esposa".

Según *Clarín*,[16] unos científicos del Departamento de Zoología de la Universidad de Melbourne "descubrieron" que también los cisnes son infieles. Aunque en realidad lo único que hicieron fue colocar un "decodificador" en machos y hembras que se activa cuando se aparean sexualmente y lo que pudieron detectar es que tanto machos como hembras tienen relaciones sexuales con varios congéneres. Por lo menos aquí el autor de la nota, con cierto cinismo pero dando quizá en la clave de muchas investigaciones y sobre todo con el afán de aparecer en los medios divulgando cualquier cosa, señala: "los científicos de Melbourne tuvieron un presupuesto de ciento cincuenta mil dólares. Y por esa plata, qué quiere que le diga, somos capaces de estudiar el lenguaje secreto del piojo del sorgo".

Un artículo aparecido en *The New York Times* (reproducido por el suplemento de ese diario que publicó *Clarín*)[17] lleva un título con impacto, pero poco feliz: "Infidelidad, un defecto de hombres y animales". El artículo refuerza la idea de que no hay –salvo escasísimas excepciones– especies "monógamas" (lo que sostienen Barash y Lipton en el libro mencionado más arriba), pero el título opera una antropomorfización de la naturaleza en clave de una moralina ramplona. Cabría preguntarse por qué una conducta animal habitual es un "defecto" o mejor aun, ¿en qué sentido la conducta adaptativa de las distintas especies puede considerarse un "defecto"? ¿Qué normas ideales se

---

[16]   "Descubren que los cisnes no son fieles, sino unos perfectos donjuanes", *Clarín*, 8 de junio de 2006.

[17]   "Infidelidad, un defecto de hombres y animales", *Clarín*, 19 de marzo de 2008.

rompen en el mundo natural que puedan marcarse como un "defecto"?

La antropomorfización de conductas animales llega a extremos inverosímiles como decir que la prostitución ("pagar por sexo" es la expresión que usan) es una conducta habitual en la naturaleza. Pero ¿qué significa para ellos "pagar por sexo"? Según el artículo (que toma de la revista *Animal Behaviour*, un trabajo de investigadores de las universidades Adam Mickiewicz y de Bohemia), *paga por sexo*, por ejemplo, el alcaudón real macho cuando desea tener "*sexo extramarital*" ofreciendo a su "futura amante una presa mucho más grande que la que le da a su *esposa* [nótese los términos usados: 'extramarital', 'amante', 'esposa' ¡en los alcaudones!]. Los investigadores hallaron que cuanto mejor es el obsequio, mayor es la *posibilidad* [sic, confunde 'probabilidad' con 'posibilidad']¹⁸ de que la hembra acepte un encuentro de una sola noche". El artículo no explica de qué modo los investigadores constataron cuál de las hembras era la "esposa legítima" ni cómo hicieron para saber que cuanto mayor era el obsequio mayores probabilidades

---

[18] La probabilidad matemática puede caracterizarse como un número entre cero y uno, que se obtiene de dividir el número de casos positivos por el número de casos posibles. Por ejemplo, la probabilidad de que salga el 7 de espadas en una baraja española es de 1/40, es decir: 0,025. Con ello puede hacerse una predicción estadística de lo que ocurrirá aunque nada pueda decirse sobre los casos particulares, por ejemplo cuál será la próxima carta que saque del mazo. La misma fórmula se usa para obtener la frecuencia relativa, por ejemplo para conocer la probabilidad de que alguien que cumplió treinta años llegue a los treinta y uno. La diferencia entre ambos casos es que el primero puede obtenerse *a priori* y para el segundo es necesario realizar un relevamiento empírico y suponer que eso se mantiene en la población en general y hacia el futuro. Pero ninguno de los dos casos debe confundirse con "posibilidad", que alude sólo a una ausencia de contradicción lógica. Dicho más sencillamente, lo probable siempre es posible, pero lo posible puede resultar altamente improbable. Por ejemplo, es posible que la próxima semana de enero nieve en Buenos Aires, pero es altamente improbable.

tenía el macho de un encuentro sexual de "una sola noche". Sin desperdicio es la prueba de que "aunque el *adulterio* es habitual y los animales lo practican en cuanto pueden, ninguna especie lo aprueba y hasta reaccionan con violencia, como el ser humano, ante la traición". La prueba más fehaciente de esta moralina es la de la salamandra de espalda roja, especie en la cual "los machos y las hembras *celosos* vigilan de cerca a su pareja y castigan la traición con amenazas, mordiscos y hasta la tan humana indiferencia". O sea, no sólo reaccionan de cualquier manera, sino que además sería bueno que se dijera cómo se dan cuenta de que la actitud indiferente de la salamandra de espalda roja es una represalia por el "adulterio".

Más curioso aun es otro artículo citado de la misma revista científica, titulado "Pagar por sexo en el mercado de formación de parejas de macacos" (del Dr. Michael D. Gumert, del Hiram College), según el cual los machos pagan por sexo "con un tipo de moneda primate multipropósito: la limpieza". Sin ningún empacho reconoce el artículo que la limpieza es algo que las hembras hacen a los machos y a otras hembras, las madres a sus crías..., sin embargo cuando un macho lo hace a una hembra es "pagar por sexo". No menos curiosa es la metáfora económica, ya presente en el título, utilizada por Gumert:

> Los machos adaptan el hábito de la limpieza con fines económicos: pagan un precio más alto o más bajo según la disponibilidad y la calidad de la mercadería y la competencia con otros compradores. Lo que me hizo pensar en el hábito de la limpieza como forma de pago fue observar cómo ésta cambiaba en distintas condiciones del mercado –dijo Gumert–. Cuando hay pocas hembras alrededor, el macho dedica más tiempo a la limpieza, mientras que cuando las hembras sobran, la duración de la limpieza disminuye.

Es muy curioso que los macacos se hayan hecho libremercadistas sin pasar por estadios económicos más primitivos, o quizá, lo más probable, es que Gumert, como muchos economistas y sociólogos liberales, pretenda encontrar las raíces del libremercadismo en la naturaleza misma, como si las actitudes y los comportamientos de la lógica económica contemporánea tuvieran un origen genético. Pero si alguien paga por sexo, hay una prostituta que recibe ese pago. Sin embargo, se trata de unas prostitutas muy raras porque generalmente terminan teniendo hijos con los "clientes".

Con la misma seguridad y con la misma fragilidad epistemológica con la que se afirma que la infidelidad es lo corriente en el mundo natural, otros, en este caso investigadores del Instituto Karolinska de Estocolmo, afirman haber hallado el gen de la monogamia masculina. Dice *Clarín*:[19]

> Los hombres son más proclives a ser maridos fieles y devotos cuando carecen de una variante específica de un gen que influye en la actividad cerebral, anunciaron científicos suecos. Los hombres con dos copias del alelo tienen el doble de riesgo de tener problemas conyugales, y sufren la amenaza de un divorcio en el último año, en contraste con los que tienen una sola copia, o ninguna.

Pero el hallazgo de estos suecos es increíble, pues para ellos los genes no sólo determinarían las conductas de quien los porta, sino también la de aquéllos con quien el portador se relaciona:

> presente en dos de cada cinco varones, con el riesgo de discordia conyugal y divorcio, parece anticipar también si las mujeres involucradas con estos hombres dirán que sus

---

[19]   "Un gen de la monogamia masculina", *Clarín*, 5 de septiembre de 2008.

parejas están emocionalmente cerca de ellas y siempre a su lado o son por el contrario distantes y antipáticos.

Y mucho más, los genes no sólo determinarían la conducta de otras personas, sino que también anticipan las conductas en países occidentales a partir de la formación de los estados modernos y del código civil: "La presencia de la variante de este gen, o alelo, parece anticipar también *si el hombre se casará o convivirá con una mujer sin formalizar".*

Como no podía faltar ni la apuesta tecnocrática y controladora, ni la moralina habitual, se señala:

> 'El descubrimiento desató un debate sobre si la gente no debiera llevar adelante análisis genéticos para descubrir si sus potenciales parejas son malos o buenos candidatos para el matrimonio (...) Son muchas las formas como esta información puede ayudar a un hombre y a su esposa cuando se casan. El mero hecho de saber que hay lazos biológicos débiles puede ayudarnos a superarlos', apuntó Helen Fisher, antropóloga experta en biología de la Universidad Rutgers, que se dedica a estudiar el amor romántico entre los seres humanos. Fisher agregó que un hombre que sepa que tiene este alelo estará en condiciones de usar ese conocimiento para ignorar las señales de excitación que pueda llegar a sentir durante su matrimonio. *'Esto es producto de mi ADN nada más y lo voy a ignorar',* podrá decirse a sí mismo.

Como no podía ser de otra manera, las mujeres también caen bajo la mirada de los buscadores del gen de la infidelidad. *Clarín*[20] anuncia que, según "un grupo de investigadores bajo la guía del profesor Tim Spector del Guy's & St. Thomas Hospital de Londres":

---

[20]   "¿Un gen hace que algunas mujeres sean infieles?", *Clarín*, 9 de junio de 2004.

La infidelidad de una mujer es una cuestión hereditaria. Según un estudio realizado en Gran Bretaña, la tendencia de algunas mujeres a ser infieles sería hereditaria, de hecho, y cerca de un cuarto de las mujeres británicas tendría una característica genética que las lleva a traicionar a sus compañeros.

Aunque, como es la regla en estos artículos, luego se relativiza un poco el papel de los genes por los usos, por las costumbres y por el entorno, se asegura que "la presencia de determinados genes aumenta considerablemente la *posibilidad* (sic, ver nota al pie núm. 18) de que las mujeres sean infieles". El Profesor Spector asegura que su equipo entrevistó a 50.000 mujeres no emparentadas y luego a 50.000 gemelas.[21] Se preguntaba a las mujeres sobre su conducta sexual y "el 23% de ellas confesó haber traicionado a sus parejas en por lo menos una oportunidad". Entre las gemelas por su parte aseguran "que si una de las dos había sido infiel por lo menos una vez, la posibilidad de que también lo fuese la otra era de un 55%". No se dice a partir de cuántas infidelidades se considera una conducta infiel, ni tampoco cuántas de esas "infieles" lo habían sido una o dos veces en su vida, pero un gen que impulsa tan escasamente a una conducta a lo largo de la vida parecería no merecer que se lo incluya en este festival determinista.

Una vez más el título del artículo es, cuando menos, equívoco con relación a su contenido. Mientras el título, aunque sea a modo de pregunta, sugiere la acción de "un" gen en la infidelidad, en el desarrollo del artículo se señala que, dado el tipo de estudio que se hizo, "no se logró identificar al gen responsable de este comportamiento".

Hablando de infidelidad en las mujeres, una variante de la búsqueda de determinantes biológicos surge de un

---

[21]   Parece algo increíble la cantidad, si se pretende hacer una entrevista medianamente seria.

estudio realizado en la Universidad de Texas.[22] Aseguran que aquellas mujeres con altos niveles "de una hormona llamada estradiol son más propensas a ser infieles debido a una probable insatisfacción con su pareja". Aunque el artículo reproduce la opinión de especialistas argentinos que descartan esta relación tan directa y lineal entre esa (o cualquier otra) hormona y la conducta sexual, es increíble la descripción de la experiencia realizada en Texas y explicada por su directora Kristina Durante, tanto por el alcance y por la aplicación del método estadístico como así también por el establecimiento de la línea de causalidad.

El análisis estadístico se realizó entre cincuenta y siete (sí, cincuenta y siete) personas que, además, eran todas estudiantes de la misma universidad, de entre 17 y 30 años. Se les midió el nivel de estradiol (que por otra parte varía según el periodo menstrual) pero también se les hizo un cuestionario sobre su vida sexual y "lo que piensan, sienten y creen sobre su aspecto físico". El estradiol, explica el artículo: "es una hormona relacionada con el desarrollo orgánico de *determinados parámetros de belleza. Es decir, está asociado con características físicas que suelen ser muy seductoras para los hombres*".

Pero el colmo del despliegue conceptual y de recursos para optimizar la muestra es que "un grupo independiente de dos varones y siete mujeres (sí, dos varones y siete mujeres) se ocupó de calificar la belleza de las damas".

Finalmente, constataron que los altos niveles de estradiol coincidían con aquellas jóvenes calificadas como las más bellas y con mejor autoestima. La encuesta develó que estas mujeres, a su vez, son las que suelen salir con más hombres y están dispuestas a cometer una infidelidad. '*Ser físicamente atractivas les puede generar más alternativas, pero también*

---

[22] "Mujeres infieles: una hormona sería la causa y ya hay polémica", *Clarín*, 19 de enero de 2009.

*les hace más complicado satisfacer sus necesidades. En con-
secuencia, tienen menos razones para estar comprometidas'*,
asegura Durante.

Justo es reconocer que, cada tanto, alguna voz razonable sale al cruce de tanta frivolidad científico/periodística.
Catherine Vidal, neurobióloga y directora de investigación
del Instituto Pasteur, en una nota reproducida por *Clarín*,[23]
critica la utilización mediática de un artículo aparecido en
Nature (19 de agosto de 1999) y la deformación e incluso
los agregados que realizan los periodistas para conseguir
que una trivialidad se transforme en noticia, aunque no en
cualquier noticia, sino en el hallazgo del gen de la fidelidad.
Lo interesante del caso, que también señala Vidal, es que
el artículo de *Nature* por sí solo permitiría un buen trabajo
crítico. Sin embargo, los periodistas prefirieron hablar del
gen de la fidelidad:

> La historia comienza con un estudio estadounidense sobre
> dos especies de ratones de campo (pequeños roedores)
> que viven en medios naturales diferentes. El ratón de la
> pradera, según los términos empleados por los autores,
> es muy afiliado a los miembros del grupo; es monógamo
> y vive en familia biparental. Mientras que el ratón de las
> montañas es relativamente asocial, no paternal y promiscuo.
> (...) El tono cuando menos moralista de esta descripción
> científica podría haber puesto ya la mosca en la oreja de los
> periodistas. El *affaire* Clinton-Lewinsky no está tan lejos...
> ¡Es por eso, sin duda, que el término "affiliation" fue tra-
> ducido por fidelidad! Segunda fase del artículo de *Nature*:
> los investigadores, trabajando esta vez en el laboratorio,
> capturaron ratones salvajes para hacerlos vivir en cautiverio
> y tener así fácil acceso a su cerebro y sus genes. Resultado:
> las dos especies presentan diferencias en ciertas regiones
> cerebrales que participan en la acción de una hormona, la

---

[23]   "Un picaresco vodevil científico", *Clarín*, 15 de septiembre de 1999.

vasopresina. Esta hormona desempeñaría un papel en el comportamiento social. De aquí proviene la idea de que las dos especies de ratones reaccionarían de manera diferente a la vasopresina. Queda por resolver la cuestión de poder someter a prueba esta hipótesis y medir la fidelidad social en el laboratorio. Los investigadores inventan entonces una prueba, que comprende dos pequeñas jaulas unidas por un túnel. En la jaula N° 1 colocan una hembra de ratón cautiva, anestesiada (para prevenir todo riesgo de reacción) y sin ovarios (para evitar los olores parásitos).

¡Cuidado, estamos en el campo social, no en el sexual! En la jaula N° 2 se coloca al macho, que ha recibido una inyección intracerebral de hormona vasopresina. Se abre el túnel: el macho entra a la jaula N° 1, todo se definirá en los cinco minutos siguientes. En el caso del ratón montañés asocial, no se demora más que un minuto olfateando a la hembra, siempre respetando el honor. Por el contrario, el ratón de las praderas, como un buen ciudadano estadounidense, le dedica el doble de tiempo –siempre con toda decencia–. Última etapa, se aísla en el ratón de las praderas el gen que controla la sensibilidad a la vasopresina. Se decide testearlo en un ratón macho de laboratorio. ¡Milagro! El ratón hereda a menudo el comportamiento sumamente cortés del ratón de las praderas: dos minutos de olfateo de la hembra. Así queda descubierto el gen de la fidelidad, revelado en un vodevil científico picaresco entre ratones de laboratorio y ratones de campo, en el cual los machos volubles pueden ser finalmente socorridos: ¡simplemente les falta el buen gen!

Hay algunas variantes del problema de la fidelidad/ infidelidad, en clave determinista, aunque no genética, sino físico-química y analizando la cuestión del amor. De hecho también en estos casos se deja de lado el carácter impre-visible, polifacético e inasible de esos vínculos humanos que llamamos difusamente "amor" y el término es aplicado para la atracción sexual... también en ratones. *La Nación*[24] recoge un trabajo del científico Larry Young y señala:

> Además de un análisis de la química cerebral del apareamiento de los mamíferos, *que incluye la fascinación erótica de los humanos por los pechos,* Young predice que no falta mucho para que un pretendiente inescrupuloso pueda *verter una poción de amor en la bebida de su amado.* Ésa es la mala noticia. Sin embargo, uno podría disfrutar de estas pociones si se las tomara a conciencia con la persona indicada. Pero la mejor parte, en mi opinión, es que se podría crear una inoculación antiamor que prevenga que *nos convirtamos en tontos enamorados.* Aunque esta vacuna del amor no es mencionada en el trabajo de Young, cuando se lo propuse, *estuvo de acuerdo con que también podría hacerse.*

El trabajo de Young fue realizado sobre ratones (aquellos ratones de campo) en la Universidad Emory. El artículo indica de manera taxativa que esos ratones "se cuentan dentro de la minoría de los mamíferos, el 5%, que comparte *la tendencia humana de la monogamia*" (definitivo: el 5%, aunque en contra de la serie de artículos que vimos más arriba y que señalaban que los humanos no son monogámicos). Básicamente consistió en inyectarle oxitocina a una hembra para que se sintiera atraída hacia un macho. No falta la apelación a las aplicaciones terapéuticas de esta investigación como era de esperar y tampoco falta la lección moralizadora de Young, ni los desvaríos del periodista:

> *Sería completamente no ético* dárselas a otras personas –explica Young–, pero si uno quiere mantener su matrimonio, podría contar con una pequeña ayuda de vez en cuando. Hoy en día ya no es una posibilidad remota tomar medicación junto con las terapias matrimoniales.

---

[24]   "El amor al fin podría tener remedio", *La Nación*, 14 de enero de 2009.

El gran problema sería identificar a la persona de *la que queremos enamorarnos*. Supongamos que tomáramos la poción y sintiéramos la necesidad de fugarnos con la próxima persona con la que nos cruzamos, digamos el dentista, o que, como Tristán, creemos una conexión emocional con la esposa de nuestro jefe, ¿qué pasaría entonces?

Una vacuna para el amor es más simple y práctica, y ya hay algunas drogas que inhiben los impulsos románticos *de las personas y han sido probadas en los ratones de campo*. Dudo de que muchas personas quieran suprimir el amor de manera permanente, pero una vacuna temporaria podría ser útil: esposos sufriendo su crisis de la mediana edad podrían no escaparse tan frecuentemente con sus entrenadoras personales.

Pero el amor da para todo. *Clarín*[25] recoge un estudio llevado a cabo por la Universidad Stony Brook de New York, que contradice "*la teoría más difundida* (sic) de que la pasión perduraría únicamente de 1 a 3 años". El estudio consistió en someter a una resonancia magnética "del cerebro a 17 individuos (sí, 17 individuos) que mantuvieron *el amor incondicional* de su par a lo largo de 21 años". Uno no puede menos que preguntarse qué será el amor "incondicional", pero sigamos: "El análisis demostró que cuando uno de estos amantes *piensa en su otra mitad* (sic), las áreas del cerebro que se activan son idénticas a las de quienes recién inician su relación". El artículo discurre después como un burdo catálogo de autoayuda para mantener el enamoramiento, en boca de especialistas: "es decisivo conservar las individualidades" (aunque el periodista haya hablado de "su otra mitad"); "una buena estrategia es sorprender al otro"; "tampoco hay que pensar que todo pasa por el sexo"; "durante el enamoramiento es común que uno le atribuya a su amado características que

---

[25]   "Dicen que el enamoramiento puede durar más de 20 años", *Clarín*, 15 de enero de 2009.

necesita que estén presentes. Así se va pasando de una fantasía como es el enamoramiento a una realidad que es el amor"; y otras.

Estos artículos transitan constantemente en una tensión entre una visión naturalista/biologicista de cuestiones complejas de las relaciones humanas como es el amor, algunos errores epistemológicos y una moralina filoreligiosa.

Veamos el próximo, aparecido en el sitio Yahoo.[26] Comienza con una afirmación temeraria que reinterpreta la idea según la cual en algunos casos ciertas similitudes genéticas pueden dar como resultado enfermedades u otros problemas en la descendencia, en términos de la "pareja ideal", como si eso en biología (y en evolución) tuviera algún sentido:

> Genéticamente hablando, *la pareja ideal*, entendiéndose por ello a aquélla que ofrezca la mejor perspectiva de un embarazo saludable y de un niño sano, es aquélla cuyo mapa genético difiera en mayor medida del de la mujer.

El artículo da por sentado varias cosas: que se entiende qué significa "patrones genéticos similares" o "la mayor diferencia en el mapa genético". Teniendo en cuenta que dos genomas humanos cualesquiera son exactamente iguales o completamente diferentes según el tipo de análisis que se haga, no se entiende muy bien a qué se refiere el estudio, es decir a qué se refieren las supuestas grandes diferencias. Por otro lado se da por sabido y demostrado que el olfato es el medio que tienen las hembras para detectar esas "diferencias" genéticas. El estudio comentado consistió en hacer oler a una cantidad de mujeres, que tomaban píldoras anticonceptivas, camisas de distintos hombres. Craig Roberts, que realizó el experimento

---

[26]   "Los anticonceptivos orales ¿enfrían el sexo?", *Yahoo*, 26 de agosto de 2009.

hizo que 37 mujeres oliesen las mismas *T-shirts* antes y después de haber tomado anticonceptivos, y comparó el porcentaje de resultados con el de 60 mujeres que nunca usaron contraceptivos orales. El resultado fue notable: luego de tomar anticonceptivos, la mayoría de las mujeres se inclinaba hacia la prenda del hombre *genéticamente similar* a ella, mientras que quienes no las tomaron, optaban por la *T-shirt* del *hombre indicado*.

No entraré en consideraciones sobre la relación olfato-mapa genético. En cambio, veamos el increíble diagnóstico de la satisfacción sexual:

Roberts (...), destacó que (...) aquellas mujeres con *patrones genéticos similares* a los de sus compañeros sexuales *reportaron tener relaciones sexuales poco satisfactorias, situación no verificada con aquellas parejas unidas por todo, menos por el parecido de sus cromosomas.*

Y por suerte está la ciencia para revelarnos datos más que significativos sobre la conducta humana: las mujeres "*sexualmente insatisfechas* estaban *receptivas* a la aparición de una relación que colmase sus expectativas, y esto sin importar estado civil, compromiso afectivo, etcétera". Y una particular forma de entender el comportamiento de los mamíferos en una fantasiosa red universal de padres adoptivos:

Para Claus Wedekind, el famoso investigador suizo pionero en establecer los vínculos entre MHC y selección sexual, la explicación podría deberse a que las hormonas presentes en los anticonceptivos generan en la mujer un estado similar al de los mamíferos hembras preñados: en este estado, *cambian su preferencia y se inclinan hacia el macho con genética similar, que podrá ayudarlas mejor a cuidar a la futura cría en su desarrollo.*

No faltan las apreciaciones como que el uso genera-
lizado de la píldora podría conducir a la "degradación de
la especie" y el final es, francamente, ininteligible: "desde
hoy se plantea un interrogante: *¿la píldora anticonceptiva
será también la píldora de la separación?*".

En *Clarín*[27] aparece un trabajo de "expertos argentinos"
que revelan los "10 beneficios más saludables de hacer el
amor". No objetaré ni el eufemismo cargado de moralina
("hacer el amor") ni el hecho de los beneficios que trae,
probablemente podrían agregarse otros más. Sin embargo,
tomaré algunas de las apreciaciones de estos expertos con
relación a una curiosa interpretación de la relación causal.
Por ejemplo, el beneficio N° 8 dice: "Regula el estrés. Según
el especialista en estrés Daniel López Rosetti, disfrutar del
sexo es señal de que no hay altos niveles de ansiedad". Tal
como está explicada, la cuestión sería exactamente al revés,
es decir la ausencia de estrés predispone a la sexualidad. Lo
mismo ocurre con el beneficio N° 10 que dice: "Aumenta
la expectativa de vida. Mantener sexo regularmente a lo
largo de la vida contribuye a vivir más, según un estudio
de la Universidad de California. *Los expertos creen que la
pérdida de libido es indicio de ciertas dolencias, mientras que
el deseo es signo de buena salud*". Nuevamente, planteado
exactamente al revés.

Para finalizar con esta sección, otro artículo de *Clarín*,[28]
una pieza memorable del PC. Se analiza un trabajo del psicólogo evolucionista Satoshi Kanazawa[29] en la "prestigiosa"
(sic) *London School of Economics*.

---

[27]   "Revelan los 10 beneficios más saludables de hacer el amor", *Clarín*, 25
        de enero de 2009.
[28]   "Los hombres infieles son menos inteligentes que los monógamos",
        Clarín, 4 de marzo de 2010
[29]   Kanazawa es conocido por sus posturas racistas y hace unos años
        publicó un artículo en el que aseguraba que en las zonas pobres del
        planeta (como África subsahariana) la salud deficiente se debía no a

El trabajo, cuyas conclusiones fueron publicadas en la revista especializada *Social Psychology Quarterly*, analiza dos grandes bases de datos de EEUU, una sobre salud adolescente y otra de carácter social en las que se midieron diferentes comportamientos y el coeficiente intelectual tanto en edad adulta como en niños.

Tras comparar *minuciosamente* los resultados de ambos estudios, *observaron que las personas que daban importancia a la fidelidad sexual en una relación tenían coeficiente más alto*.

Hasta aquí sólo alguna correlación caprichosa (véase "Capítulo 2" en este mismo volumen) de datos dudosos. Nótese, de paso, que no es lo mismo "dar importancia a la fidelidad sexual" que ser fiel. Por ello sería dudosa la conclusión según la cual "los hombres que son infieles a sus parejas presentan un coeficiente intelectual más bajo que aquéllos que no lo hacen y mantienen la monogamia".

Pero lo más interesante es el antológico párrafo que sigue: una extraña mezcla de groseros errores acerca de la evolución (véase "Capítulo 3" en este mismo volumen), desconocimiento de la historia de la humanidad y distintas tradiciones culturales, una moralina filoreligiosa conservadora y prejuicios antropológicos y de género:

Como explicó el autor de este estudio, Satoshi Kanazawa, en declaraciones a la cadena londinense BBC, "los hombres inteligentes son más propensos a valorar la exclusividad sexual", un comportamiento que *se considera una señal de la evolución de la especie* (sic).[30] A su juicio, a lo largo de la historia, los hombres siempre fueron "relativamente polígamos", *por lo que una relación monogámica supone una "novedad evolutiva"*, en oposición *al hombre primitivo, que era propenso a la promiscuidad.*

---

la pobreza sino al bajo cociente intelectual. Kanazawa fue acusado de falsear datos y de algunas tropelías metodológicas.

[30]   Compárese con lo señalado en la sección 2.1, más arriba.

> (...) *el autor del estudio asegura que estos resultados no se pueden aplicar a las mujeres ya que "ellas siempre fueron relativamente monógamas y, por lo tanto, esto no supone una evolución".*

2.2 El gen gay

La determinación biológica/hereditaria de la homosexualidad es otro de los clásicos del PC. Probablemente por el hecho de que los grupos de homosexuales, gays y lesbianas mantienen una gran capacidad de movilización y militancia, estos artículos suelen estar compensados –a diferencia de otros artículos del mismo tenor con otros "genes de..." – con opiniones en las cuales se hace hincapié en la elección de la orientación sexual y en la importancia de la biografía individual, de los vínculos y de las vivencias personales. Sin embargo, más allá del esfuerzo políticamente correcto, una constante en estos artículos (sea los que pretenden haber hallado el gen correspondiente, sea los que están en la postura contraria) es que consideran la homosexualidad como un concepto unívoco, referido a un fenómeno perfectamente identificable y homogéneo, desconociendo la enorme multiplicidad de conductas sexuales. Así, por ejemplo, *Clarín*[31] asegura categóricamente que científicos italianos y británicos "confirman que un gen provoca la inversión sexual humana" aunque el artículo, lejos de abordar la cuestión de la homosexualidad, se refiere a patologías muy específicas y raras:

> El gen bautizado como DAX1 hace que algunas personas tengan cromosomas de un sexo, pero órganos del opuesto. Para el grupo de científicos que publicaron su estudio en la revista *Nature*, ya no quedan dudas. Señalan al gen DAX1 como el responsable del síndrome de inversión sexual en

---

[31] "Confirman que un gen provoca la inversión sexual humana", *Clarín*, 12 de febrero de 1998.

seres humanos. Este síndrome aparece en una de cada 5000 personas cuando se da en forma completa y hace que, por ejemplo, un hombre desarrolle órganos femeninos. Ahora, con la identificación del gen DAX1, se ha dado un paso más hacia una explicación del proceso que determina el sexo. Y sobre todo para aclarar la causa primaria de un posible desorden. La evidencia que tenemos sugiere sólidamente que el DAX1 es el gen responsable del síndrome de inversión sexual física en los seres humanos. Sólo una simple duplicación del gen en una dosis doble presuntamente lleva a la inversión sexual, afirmó Robin Lovell-Badge, del Instituto Nacional de Investigación Médica MRC. El tema no es nuevo. Desde ya hace un tiempo que los científicos tenían acorralado al gen pero ahora aseguran que pueden probar su relación con el síndrome. A través de experimentos con ratones transgenéticos (modificados por ingeniería genética), se pudo determinar que el gen se aloja en el cromosoma X y *cuando se duplica hace que un individuo genéticamente masculino se desarrolle físicamente como una mujer.*

También en *Clarín*[32] se comenta que en Suecia, "en el prestigioso Instituto Karolinska", se analizaron:

áreas del cerebro, valiéndose de imágenes de resonancia magnética para medir el volumen del cerebro de 90 personas divididas en grupos, mitad hombres y mujeres, heterosexuales y homosexuales. Según los resultados de la investigación –publicada en las Actas de la Academia Nacional de Ciencias– los gays tenían cerebros simétricos, como los de las mujeres heterosexuales, en tanto que las mujeres homosexuales tenían cerebros ligeramente asimétricos como los de los hombres heterosexuales. Las diferencias fueron pronunciadas.

---

[32] "Un nuevo estudio dice que gay se nace y dispara la polémica", *Clarín*, 18 de junio de 2008.

Cumpliendo el mandamiento compensatorio de lo políticamente correcto, *Clarín*[33] publica: "Escepticismo entre científicos argentinos", y poco después[34] recoge un artículo de la revista *Science* en el cual un grupo científico de la Universidad Western Ontario, en Canadá, revelaba que no habían podido reproducir las conclusiones del profesor Dean Hamer, del Instituto Nacional para el Cáncer (EEUU) de 1993, según las cuales la tendencia homosexual procedía de uno o varios genes transmitidos por la madre y situados en el cromosoma X.

2.3 El gen de la inteligencia

La inteligencia, muchas veces considerada como definitoria de lo humano, ha causado fascinación y ha formado parte de la autoestima de la humanidad desde la Antigüedad. Discernible en los productos de la cultura, aunque esquiva a la hora de caracterizarla y establecer exactamente en qué consiste, el concepto de "inteligencia" resulta permeable a toda clase de matices ideológicos. No sólo cuando es objeto del análisis filosófico, sino incluso cuando la ciencia trata de diferenciar lo humano de lo animal, o cuando intenta medir la inteligencia y establecer así una escala jerárquica de los individuos y/o los grupos. De hecho, el DB ha buscado de una u otra manera en el sistema nervioso central, el cerebro y la inteligencia, como decíamos más arriba, la legitimación de la desigualdad a partir de la diversidad.

La cuestión de la inteligencia adquiere en el PC también algunas formas estándar. En primer lugar el consabido "gen de…", aunque se trata de experiencias en ratones y otros animales. Sobrevuela en estos artículos, probablemente como en ningún otro caso, la fantasía tecnocrática

---

[33]   "Escepticismo entre científicos argentinos", *Clarín*, 20 de junio de 2008.
[34]   "Dicen que no hay gen gay", *Clarín*, 23 de abril de 1999.

consistente en creer que la manipulación genética es capaz de potenciar o de aumentar la inteligencia humana. En ningún caso queda claro de qué se trata la inteligencia y en general suele asimilarse a algunas funciones como la memoria o el éxito en algunas tareas simples (después de todo, es lo que hacen los ratones). No faltan los artículos sobre el análisis de los cerebros de individuos supuestamente geniales (como por ejemplo A. Einstein) desnudando una concepción burda, trivial y biologicista de la producción de conocimiento científico asociada a algunos componentes físicos del cerebro. Asimismo suelen encontrarse artículos en los cuales se hace una utilización extrapolada y/o metafórica del término "inteligencia", por ejemplo para la ropa o los edificios, metáfora que conlleva una carga ideológica reveladora. Veamos algunos ejemplos.

Clarín[35] asegura que a partir de trabajos desarrollados en las universidades de Princeton y Washington y el Instituto de Tecnología de Massachussetts, lograron producir los ratones (del mismo tipo de aquéllos que pasaron de promiscuos y solitarios a sociables y monógamos) "más inteligentes de todos porque recibieron un simple gen y mejoraron su aprendizaje y su memoria". Poco más abajo dice que a esos ratones les "inyectaron" otro gen. Nótese el uso de expresiones completamente equívocas: "recibieron un simple gen", les "inyectaron"; incluso el científico responsable, "afirmó que la *inyección* del gen que usó podría aumentar la inteligencia humana". La descripción de la experiencia no tiene desperdicio:

> La investigación probó que el gen llamado NR2B es una *llave* que controla la habilidad del cerebro para asociar un suceso con otro. Ésta es una actividad básica para el

---

[35] "Manipulan un gen y crean ratones más inteligentes", *Clarín*, 7 de septiembre de 1999.

aprendizaje de nuevos conocimientos. Para elegir ese gen, Tsien había creado ratones que carecían del mismo en una región pequeña del cerebro y demostró que esos ratones sufrían problemas en su aprendizaje y memoria. El gen NR2B se encuentra naturalmente en el cerebro de cualquier mamífero, incluyendo (por supuesto) a los humanos, pero su actividad declina con el paso del tiempo. Al inyectarse el gen en los embriones, se aumentó también la cantidad de un receptor, llamado NMDA, que es producido por el gen NR2B. El proceso hacia el mejoramiento genético de los roedores siguió así: el receptor NMDA es como un *doble cerrojo en una puerta*. Porque necesita de dos señales (dos llaves) antes de abrirse. Y es una herramienta útil para crear memorias, a través de un proceso conocido como potenciación a largo plazo. Al dar más impulso al receptor –por medio del gen– se aumenta la posibilidad de aumentar la *formación de memorias*. Para probar que el experimento había funcionado, los ratones (...) *tuvieron que aprender* a reconocer objetos que habían visto en otras oportunidades, a ubicar una plataforma bajo el agua y reconocer una señal que les indicaba que estaban por recibir un choque eléctrico leve. Además, los investigadores encontraron que los cerebros de los ratones adultos retuvieron características físicas que generalmente se presentan en los animales jóvenes. Ellos tenían un alto nivel de plasticidad, una disponibilidad para aprender fácilmente cualquier tarea.

La Nación,[36] por su parte, presta una página para que un grupo de científicos haga *lobby* sobre la necesidad de invertir más dinero y esfuerzos en el área de las neurociencias para aumentar y preservar el *capital intelectual*:

la totalidad de los recursos emocionales y cognitivos de un individuo, incluyendo su capacidad intelectual, su flexibilidad y eficiencia en el aprendizaje, su inteligencia emocional (por ejemplo, la empatía y habilidades sociales) y resiliencia

---

[36]   "El intelecto, otro capital que hace crecer a un país", *La Nación*, 23 de octubre de 2008.

frente al estrés. La dimensión de los recursos individuales refleja su capital, formado por sus genes y programación biológica, sus experiencias y la educación que recibe a lo largo de su vida.

Resulta indudable, al menos por lo que sabemos, que en alguna medida la capacidad cognitiva (y muchas otras) dependen de cualidades genéticas. Sin embargo, como ya señaláramos, evaluar cuantitativamente esa parte genética no solamente es una temeridad, sino, sobre todo, es una respuesta a un problema mal formulado. Sin embargo, en esta nota/*lobby* no se duda en señalar que "el 50% de la capacidad cognitiva de la gente depende de los genes". Nuevamente la fascinación por el número... ¿de dónde sale ese número, quién aporta esos números seriamente, de dónde sale que la polémica herencia/ambiente, muy probablemente una falsa polémica en términos biológico/naturalistas, tiene un correlato cuantificable y discernible en términos porcentuales?

No siempre la búsqueda de señales físicas de funciones como la inteligencia se presenta bajo la forma de investigación genética. A veces se hace mediante burdas correlaciones entre rasgos diferentes según algún relevamiento estadístico de dudosa procedencia y factura. *Clarín*[37] afirma que "el tamaño de los dedos influye en la inclinación de los chicos". El artículo advierte que esa afirmación "suena a aquellas conclusiones, hoy consideradas 'de museo', de Cesare Lombroso, aquel médico italiano que hacia 1870 postuló ideas audaces que asociaban ciertas características físicas con conductas criminales",[38] pero que, sin embargo, ahora "los nuevos datos sobre el tamaño de los dedos y ciertas tendencias artísticas o científicas tendrían algún

---

[37] "Dicen que el tamaño de los dedos influye en la inclinación de los chicos", *Clarín*, 11 de septiembre de 2007.
[38] Véase, en este mismo volumen, página 22.

fundamento". Y no es para menos, ya que investigadores de la Universidad de Bath, en el Reino Unido, sostienen que los chicos en edad escolar que tengan dedos anulares más largos que el índice tendrán más probabilidad de destacarse en matemática. Estos investigadores han analizado a 75 (sí, 75) alumnos de alrededor de 7 años y les midieron las proporciones de los dedos índice y anular de la mano derecha; luego dividieron la longitud del índice por el largo del anular para calcular el cociente de ese dígito en cada nene. Sin explicar muy bien para qué, aunque la argumentación parecería indicar que los hombres tendrían inclinación por la matemática, mientras que las mujeres se dedicarían a otra cosa, se indica que:

> las mujeres adultas, por ejemplo, *suelen tener* cocientes de 1, es decir que sus dedos índice y anular tienden a tener el mismo largo. En los hombres, en cambio, el cociente es menor: da un 0,98 aproximadamente. Eso indicaría que sus anulares suelen ser más largos que los índices.

Es difícil ver cómo se pueden medir los dedos con ese nivel de exactitud para que un 2% resulte relevante, pero lo más sorprendente es que:

> Esos datos, a su vez, guardan relación, y allí está la clave, con el grado de exposición que tuvieron los nenes o nenas a la hormona testosterona cuando estaban en el vientre materno. En realidad, en esa exposición a las hormonas estaría la explicación de esta "extraña relación" entre la los dedos y ciertas preferencias.

Como se puede advertir el título del artículo no refleja el contenido del mismo. En primer lugar porque la clave no sería el largo de los dedos, sino, en todo caso, la exposición a la testosterona durante el periodo embrionario, de modo tal que el largo de los dedos sería sólo una manifestación secundaria de la otra relación hormona-inclinación. Pero, suponiendo que lo que se dice sea cierto, se invierte la relación causal porque el título indica que el largo de los dedos influye sobre las inclinaciones.

De cualquier manera, los resultados de la proporción del largo de los dedos no coinciden con otro estudio estadístico en el cual las niñas sacan igual puntaje en los exámenes de matemática que los varones.[39] El estudio se realizó sobre los siete millones de exámenes de ingreso a las universidades y mostró que en los resultados no hay diferencia alguna. El artículo remarca la sorpresa que estos resultados habrían causado, pero no se sorprende (el articulista) del hecho mismo de que estos resultados sean sorprendentes para alguien. Sólo cuando ciertos prejuicios están sumamente arraigados la paridad puede sorprender.

2.4 El *affaire* Mr. Watson

El pequeño escándalo mediático desatado en octubre de 2007 a partir de las declaraciones del Dr. James Watson (premio Nobel de Fisiología y Medicina 1962 –junto con F. Crick y M. Wilkins– por el descubrimiento, en 1953, de la estructura del ADN) al *Sunday Times*[40] resulta muy interesante no sólo por las declaraciones en sí mismas, sino por el tratamiento que hicieron los científicos y los medios. Watson dijo que era "fundamentalmente pesimista sobre las perspectivas de África" porque:

> todas nuestras políticas sociales están basadas en el hecho de que su inteligencia es la misma que la nuestra, cuando todas las pruebas indican que no (...) No existe razón firme para pensar que hayan evolucionado de manera idéntica

---

[39]   "Matemática: las chicas sacan igual puntaje que los varones", *Clarín*, 27 de julio de 2008.

[40]   Véase "Un descubridor del ADN afirma que los negros son menos inteligentes", *Clarín*, 18 de octubre de 2007.

las capacidades intelectuales de personas separadas geo-
gráficamente (...) para ello no bastará nuestro deseo de
atribuir capacidades de raciocinio iguales, como si fueran
una herencia universal de la humanidad.

Y remató: "La gente que tiene que tratar con empleados negros sabe que eso no es así". Estas declaraciones
desencadenaron una ola de indignación mundial y Watson,
rápidamente, trató de aclarar su punto de vista en otra
entrevista con el diario británico *The Independent*, señalando que los genes podrían explicar muchos rasgos del
comportamiento individual, entre ellos la inteligencia y la
proclividad a la delincuencia y se mostró preocupado por
la posibilidad de que "algunas personas sean malvadas
de modo innato".

Es justo y razonable que las expresiones racistas des-
pierten reacciones indignadas. De hecho científicos de
primer nivel se han expresado: Steven Rose, miembro de la
Sociedad para la Responsabilidad en la Ciencia, afirmó que
"ésta es la cara más escandalosa de Watson. No entendió
nada" y Keith Vaz, titular del Comité de Asuntos Internos
del Reino Unido, dijo que "es triste ver a un científico que
ha conseguido tanto, hacer estos comentarios infundados
y ofensivos". Sin embargo, la generalidad de los artículos
periodísticos pergeñó una forzada ingeniería de disociación
entre *la ciencia* y otros elementos que, según muchos, son
opuestos a la ciencia: algunos vieron un recurso publicitario,
otros la decadencia intelectual de Watson y otros especu-
laron sobre la posibilidad de que aún los grandes genios
científicos pudieran sostener estupideces cada tanto. Pero
¿por qué tanto escándalo por alguien que pone en marcha
mecanismos ramplones de publicidad, que está *gagá* o
que simplemente dice una estupidez? En verdad, lo que
no se le perdonó a Watson no es tanto que sea racista (después de todo hay muchos racistas) sino que sea, al mismo

tiempo, científico y racista, aunque tampoco tuvieron en cuenta que también hay muchos científicos racistas. Ésa es la conjunción que resulta intolerable para el imaginario estándar (tanto de científicos como de legos) acerca de la ciencia; sin embargo se pierde de vista que hasta no hace muchas décadas la enorme mayoría de los científicos –y de los no científicos– era racista. Pero, en ese ejercicio de disociación, periodistas y científicos consultados pudieron ser dignos y políticamente correctos casi gratis, pontificando trivialidades contra el racismo.

Aunque uno esperaría argumentos científicos (sociológicos, históricos y antropológicos, no biológicos), no faltaron quienes invocaron la Conferencia General de la UNESCO de 1978, que aprobó una declaración sobre los prejuicios raciales en la que afirmaba que toda teoría que invoque una superioridad o inferioridad de grupos raciales "carece de fundamento científico y es contraria a los principios morales y éticos".[41] *Clarín*[42] reproduce declaraciones de miembros de la Federación de Científicos de EEUU, que reúne a 68 Premios Nobel de varias disciplinas. "Perdió la razón", se indica al principio. Su presidente Henry Kelly, por su parte, increíblemente, señala: "Cuando la comunidad científica se siente amenazada por fuerzas políticas que buscan mermar su credibilidad, es trágico que uno de los miembros más eminentes de la ciencia moderna deshonre así la profesión". El Museo de Ciencia de Londres justificó la decisión de suspender una conferencia de Watson en esos días, al sostener que "traspasó la línea del debate aceptable". Ningún argumento científico, proveniente de científicos (insisto, sociólogos, antropólogos o historiadores) y sobre una idea que defienden muchísimos científicos. Pero el

---

[41]   *Clarín*, 18 de octubre de 2007.
[42]   "Científicos de EEUU acusan de 'racista' al Nobel de Medicina", *Clarín*, 19 de octubre de 2007.

colmo de la confusión aparece en un breve artículo de
Clarín[43] en el cual se señala que de los resultados de una
prueba de ADN a la que se sometió Watson surgía que:

> tiene en su genoma un 16% de genes africanos. En promedio,
> los europeos tienen un 1% de esos genes. Según su genoma,
> Watson –descubridor de la doble hélice del ADN– es también
> 73% europeo. El resultado es sorprendente, consideró Kari
> Stefansson, del laboratorio CODE Genetics, encargado del
> examen, cuyas conclusiones fueron difundidas en la Web
> con autorización de Watson. Según el estudio, no se trata de
> un ancestro lejano: el relativamente alto porcentaje de genes
> permite suponer que uno de sus tatarabuelos era africano.

Estos comentarios surgen de los resultados del se-
cuenciamiento del genoma que se le hizo al propio Watson
como broche del Programa Genoma Humano.[44] Vaya uno
a saber cuál será la utilidad y la necesidad de hacer tal
mapeo en una persona de 79 años, como no sea la de
producir un efecto mediático, pero esa iniciativa se parece
mucho a la costumbre que desde el siglo XIX y hasta bien
entrado el XX (Einstein, por ejemplo, que murió en 1955
lo hizo) se instaló entre hombres de ciencia y universitarios de donar sus cerebros para que fueran estudiados.
Seguramente Watson (y muchos con él) debe suponer
que hay una relación directa, lineal y causal fuerte entre
su dotación genética y su gran aporte a la ciencia. Pero en
todo caso, volviendo al artículo, lo que esto probaría no
es que Watson estaba equivocado. Pero hay algo más: tal
como está explicado en el artículo citado arriba, un ser
vivo (en este caso Watson) que tuviera sólo 16% de genes
de (un humano) africano, en principio no sería humano.

---

[43]   "Un científico racista con genes africanos", *Clarín*, 13 de diciembre de
       2007.
[44]   Véase "Un científico consiguió el mapa de su propio genoma", *Clarín*,
       2 de junio de 2007.

Hasta un helecho comparte con los humanos africanos más genes. Probablemente, esa cosa llamada Watson, ni siquiera pertenecería a la biomasa terrestre. Seguramente habría que repensar, si esto fuera así, varias teorías acerca del origen de la vida y, seguramente también, acerca de la teoría de la evolución.

El caso Watson, que podría haber sido una excelente ocasión para llevar adelante debates profundos sobre la ciencia, y sobre todo sobre su relación con la sociedad, la política y la ideología, en cambio, transitó por lugares comunes y terminó de la manera tan típicamente mediática como comenzó: abrupta, acrítica y superficialmente. Los debates importantes quedaron pendientes. Las declaraciones de Watson ¿resultan sólo un exabrupto racista o, más bien, son el resultado de lo que opina y cree como científico? O, en términos más generales, ¿hasta qué punto las ciencias biológicas (y biomédicas) sirven para fundamentar –o, hablando con más propiedad, son funcionales a– las políticas (reales o deseadas) racistas, de discriminación y control de la población o de algunos grupos? Watson no hace más que reflotar una tradición de maridaje entre ciencias (biológicas y biomédicas) y política que tiene más de doscientos años.

Llama la atención la sobreactuación mediática y, sobre todo, del laboratorio en que trabajaba Watson que lo obligó a renunciar luego de 43 años. Su pensamiento nunca fue ningún secreto y al mismo tiempo se toman con total tranquilidad afirmaciones deterministas del mismo tenor que las de Watson.

2.5 Las mentes geniales

Como decíamos, la inteligencia (en todo caso su control, su medición, su localización y sus potencialidades) siempre ha causado fascinación. *La Nación*[45] anuncia sin pudores que "Descubren claves de las mentes geniales". Luego de apabullar al lector con datos inútiles, como cuántas neuronas, sinapsis y posibilidades tiene el cerebro humano en general, se pregunta "¿Por qué los más talentosos se destacan? ¿Hay alguna característica física o fisiológica que los diferencie?" El artículo, lejos de mencionar novedades al respecto, como promete el título, sólo recorre una serie de lugares comunes y algunos errores científicos superados hace décadas acerca de la inteligencia, y transita más bien por las excepciones y las patologías. Al mismo tiempo pone como ejemplos de inteligencia casos que harían palidecer al mismísimo Funes de Borges (que, dicho sea de paso, estaba lejos de ser inteligente, pues "no podía pensar"): un libanés que aprendió 59 idiomas o una persona que a los 49 años puede recordar todos los días de su vida. Para completar el catálogo de lugares comunes, se menciona a Albert Einstein, "considerado uno de los mayores genios de la humanidad". ¿Quién lo considera así: la "gente", "los vecinos", "el pueblo", por usar lenguaje mediático? La categoría misma de "genio" es cuestionable, no sólo porque no se sabe bien qué significa ni cómo se determina, sino porque le hace muy mal a la comprensión y la imagen que tenemos acerca de la ciencia, haciendo descansar su desarrollo sobre la aparición, muy de tanto en tanto, de estos individuos completamente excepcionales con un cerebro excepcional. Sin menospreciar en absoluto el enorme aporte de Einstein (aquí habría que agregar una decena más de científicos que contribuyeron al desarrollo de la física en los siglos XIX y XX, olvidados por la crónica estándar), seguramente el imperialismo epistemológico/ ideológico que la física ejerce desde el siglo XVII contribuye

---

[45] "Descubren claves de las mentes geniales", *La Nación*, 22 de febrero de 2009.

a establecer un geniómetro que lo encuentra a Einstein en la cima. La ciencia, sencillamente, no funciona así. Es más, si la ciencia funcionara a través de espasmos de genialidad, seguramente no sería lo que es. El artículo termina reforzando la idea, completamente cuestionable y dudosa, de que el cerebro de Einstein es diferente del resto:

> donó su cerebro a la ciencia, pero los estudios que le hicieron desconcertaron a los investigadores. En un principio, *pareció no tener nada* especial e incluso ser algo más pequeño que el promedio. Más tarde encontraron que tenía una mayor densidad de células involucradas en la conectividad y en una región encargada de la inteligencia visuoespacial.

En todo caso, será tan diferente e igual, al mismo tiempo, que el cerebro del resto de los mortales, pero no hay absolutamente ninguna manera de relacionar causalmente cualquiera de esas diferencias con el hecho histórico de haber propuesto una teoría científica nueva.

2.6 Edificios y ropa inteligente

Prácticamente todos los artículos en los cuales se realizan estudios comparados entre individuos dan por descontado que la inteligencia es una cosa que puede ser medida y cuyo resultado es el cociente intelectual (CI, IQ en inglés) sin registrar siquiera la enorme cantidad de críticas que esa metodología ha recibido. *Clarín*[46] recoge una experiencia hecha a unos 14.000 niños a los que se ha seguido hasta los 6 años estableciendo la correlatividad entre lactancia y CI, por un grupo liderado por Michael Kramer, profesor de Pediatría en la Universidad McGill de Montreal, Canadá. Es muy interesante porque plantea

---

[46]   "¿Son más inteligentes los chicos que fueron amamantados?", *Clarín*, 7 de mayo de 2008.

dudas acerca "de si la causa de esta diferencia que aumenta la inteligencia en los bebés es la leche materna o el cuidado materno asociado", pero nunca se pone en duda qué es lo que miden los tests de CI.

El concepto de "inteligencia" (por extensión o analogía) también es utilizado para caracterizar edificios u otros objetos. En *Clarín*[47] no se duda en calificar de "inteligente" una lencería que incluye un Sistema de Posicionamiento Global (GPS) para localizar a la portadora. El artículo recorre otros casos de ropa inteligente: un biquini "que advierte, a través de cambios de color en su tela, cuándo hay mucha radiación solar", prenda que viene con una tabla de equivalencias donde se indica el tipo de protector solar indicado para cada color; camperas con paneles solares que acumulan energía para recargar celulares o MP3; camisetas y zapatillas que controlan la humedad y la temperatura; pantalón con joystick para el iPod y "remeras desodorante" con biofibra de bambú, y hasta encuentran algo inteligente en las telas que no se manchan.[48] Asimismo suele hablarse de "edificios inteligentes", que no son otra cosa que edificios con algunos mecanismos de respuesta automática a algunas cuestiones como temperatura, humedad, cierre o apertura de puertas, ahorro de energía, etc. Por suerte los resultados maravillosos de la inteligencia humana a lo largo de la historia han ido un poco más allá de estas minucias.

Ahora bien, en todos los casos se identifica "inteligencia" con respuesta adecuada, con reacción automática a estímulos externos, con la memoria y con el control. Haciendo la extrapolación al revés, un individuo inteligente según ese criterio sería el que se adecua perfectamente a

---

[47]   "La ropa inteligente avanza: ahora llegó a las prendas más íntimas", *Clarín*, 26 de octubre de 2008.

[48]   "Otro avance en ropa inteligente: crean una tela que no se mancha", *Clarín*, 12 de enero de 2009.

lo dado, que encaja perfectamente en la estructura y en la función social que le ha tocado en suerte. Sin embargo, dejan de lado (y es raro que los medios no hayan tomado nota de esto, tan preocupados por la seguridad que están) que un edificio que abre las puertas a cualquiera, más bien, es un edificio estúpido. Un individuo inteligente parecería ser alguien que puede decir que no, que logra algo nuevo (de hecho, en un artículo ya citado, Einstein es considerado un "genio"), que puede pensar, criticar y elegir, y no alguien que reacciona automáticamente según lo que se espera de él.

La Nación[49] anuncia pomposamente el logro del "mapa de la inteligencia" por primera vez (aunque aquí habría que decir más bien de la anatomo/fisiología del cerebro), lo cual reflota el atávico imaginario frenológico. En realidad lo que hicieron fue relacionar resultados de los tests de CI en pacientes con lesiones cerebrales con implicancias de dificultades cognitivas. El título, obviamente, sugiere otra cosa.

Pero más equívoco y pomposo es el título de un artículo de *Clarín*[50] en el cual se anuncia la creación de un "método para leer la mente". Aunque este anuncio promueva toda clase de fantasías cinematográficas, la verdad es que lo que han hecho es relacionar y localizar la actividad cerebral (mediante escaneos cerebrales) con la visión de fotografías como parte de una experiencia destinada a lograr el manejo de prótesis. Claro, pero un título que dijera eso sería algo menos atractivo.

---

[49] "Diseñan por primera vez el mapa de la inteligencia", *La Nación*, 26 de marzo de 2009.
[50] "Crean un método que permitiría leer la mente", *Clarín*, 7 de marzo de 2008.

2.7 Inteligencia, ciencia y religión

Una variante del uso difuso e ideológico del concepto de inteligencia, en este caso en relación con la religión, aparece en una nota de *Clarín*.[51] Claro que tratándose de un tema que incomoda por la capacidad de *lobby* de los grupos religiosos, se aclara rápidamente que "para algunos expertos, las conclusiones del estudio son simplistas" y se pone entre paréntesis la autoridad del investigador: "el irlandés Richard Lynn, ya despertó polémica con estudios sobre inteligencia, raza y sexo".

> El estudio se basa (...) en *dos encuestas*: una entre miembros de la Royal Society y otra de los integrantes de la Academia Nacional Norteamericana de Ciencias. La primera concluye que sólo el 3,3% cree en dios, mientras que el 68,5% de la población general del Reino Unido se autotildó como creyente. En la Academia de EEUU, sólo el 7% cree en dios, mientras que en la gente común el porcentaje trepa a 90. También analizaron la media de los CI en 137 países desarrollados y detectaron que las creencias religiosas habían disminuido *a medida que la gente se volvía más inteligente* (sic). Dividieron los países en dos grupos: el de los CI más bajos (de 64 a 86 puntos), donde apenas el 2% de la población no cree en dios y el grupo de los CI de 87 a 108 puntos, en los cuales la incredulidad sube al 17%.

En primer lugar cabe cuestionar el uso mismo del CI como medida de la inteligencia; en segundo lugar, la asimilación científico=inteligente; en tercer lugar, también cabe dudar del porcentaje de científicos que creen en dios; en cuarto lugar, que esa "inteligencia medida" sea excluyente de las visiones religiosas reproduciendo la ingenua fantasía iluminista de que la ciencia desplazaría a la religión; y en

---

[51] "Afirman que los más inteligentes tienen menos creencias religiosas", *Clarín*, 28 de junio de 2008.

quinto lugar, según la última parte de la cita precedente, si la incredulidad entre los más inteligentes sólo llega al 17% se desbarata completamente el argumento inicial.

2.8 Sigue el festival de "genes de…"

Según *Clarín*,[52] científicos de la Universidad Western Ontario, utilizando el método de hacer una encuesta a gemelos "sobre sus sentimientos en una variedad de asuntos desde crucigramas hasta puntos de vista sobre el aborto *demostraron*"[53] que las "actitudes sobre aborto, pena de muerte, mostraron influencias genéticas". Los resultados fueron publicados en el *Journal of Personality and Social Psychology*.

Clarín (11 de septiembre de 2007), por su parte, asegura que científicos de las universidades de Nueva York y California "detectan que existen cerebros *de derecha* y *de izquierda*" de modo que "la orientación política se relacionaría con el modo en que el cerebro procesa la información". Es increíble que esto se haya probado con "un sencillo experimento", pero más increíble aun es el experimento mismo, tal como lo explica el artículo:

> Estudios psicológicos anteriores muestran que los conservadores suelen ser más estructurados y persistentes en sus juicios mientras que los liberales están más abiertos a las experiencias nuevas. Los resultados muestran que *"hay dos estilos cognitivos, uno liberal y otro conservador"*, dice el neurólogo de la Universidad de California Marco Iacoboni, que no participó en esta investigación.
> Los participantes eran alumnos universitarios con posturas políticas entre "muy liberal" y "muy conservadora". Se

---

[52] "Las opiniones y los genes", *Clarín*, 9 de junio de 2001.
[53] A riesgo de parecer un tanto purista, debe señalarse que la "demostración" se refiere a un tipo de inferencia lógica o matemática, pero la ciencia empírica no demuestra en este sentido.

les ordenó pulsar una tecla cuando apareciera una M en el monitor de una computadora y abstenerse de pulsarla cuando vieran una W. La M apareció con cuatro veces más frecuencia que la W, condicionando a los participantes a pulsar una tecla como en una especie de reflejo rotuliano cada vez que veían una letra.

Cada participante estaba conectado a un electroencefalógrafo que registraba la actividad de la corteza cingulada anterior, la parte del cerebro que detecta los conflictos entre una tendencia habitual (pulsar una tecla) y una respuesta más apropiada (no pulsar la tecla). Los liberales tuvieron más actividad cerebral y cometieron menos errores que los conservadores cuando veían una W, informaron los investigadores. Pero fueron igualmente certeros en reconocer la M. (...) *los resultados podrían explicar por qué el presidente Bush demostró un compromiso inflexible con la guerra de Irak y por qué algunos percibieron al senador John Kerry, el demócrata liberal de Massachusetts que compitió con Bush en las elecciones presidenciales de 2004, como un indeciso por cambiar de parecer sobre el conflicto.*

Lo primero que salta a la vista es la ingenuidad con que se califica a los liberales norteamericanos como gente de izquierda. Tampoco queda claro cómo harían para explicar el "compromiso inflexible" del presidente demócrata Barak Obama con cuanta guerra libra EEUU en varias partes del planeta.

Pero en un artículo, sobre el mismo trabajo, de *El País* de Madrid, reproducido en *Página 12*,[54] se recogen las inequívocas opiniones de un científico español:

"Todo, y todo es todo, está en el cerebro", dice Alberto Ferrús, director del Instituto Cajal de Neurociencias del CSIC, en Madrid. "La sensación de estar enamorado o enfadado, la

---

[54] "Detectan en el cerebro la 'firma' de la ideología", *Página 12*, 5 de octubre de 2007.

religión (…) *todo se traduce en moléculas, en algo físico que hay en el cerebro."*

Salvo que "todo" sea sólo "actividad neuronal", Ferrús miente. Mientras no pueda vincular "estados mentales" con actividad cerebral, se trata sólo de una afirmación temeraria.

Pero los escaneos cerebrales pueden, aparentemente, decir mucho más que esto. Según *Clarín*,[55] científicos de la Universidad de Harvard, en EEUU, y de Aberdeen, en Gran Bretaña:

descubrieron que la gente que comparte creencias políticas se conecta de formas que pueden ser medidas en el cerebro, lo que *ayudaría a explicar posiblemente por qué las divisiones son difíciles de superar.* Distintas áreas del cerebro de un voluntario se activaron cuando la persona intentó identificar preferencias como comidas y deportes de alguien descripto como con ideas políticas similares y otro con visiones opuestas.

Cuando las ideas son similares, se activa una región del cerebro responsable también de la introspección o autoanálisis. Cuando las creencias son distintas, por el contrario, la que se activa es otra región. *Esta investigación sugiere que los seres humanos están destinados a establecer lazos empáticos con aquéllos que tienen una misma filosofía.* [Esta afirmación merecería estar en nuestra sección de obviedades y descubrimientos inútiles en el "Capítulo 2".]

"Esta investigación puede conducirnos a una explicación sobre por qué es difícil comunicarse cuando hay otros lineamientos religiosos o políticos o cualquier tipo de fronteras ideológicas", aseguró la autora del estudio, Adrianna Jenkins, investigadora y graduada en Psicología en Harvard. Los voluntarios de esta investigación, estudiantes universitarios en su mayoría, recibieron descripciones ficticias de dos personas. Una de ellas era un estudiante liberal desde el

---

[55]   "Detectan en el cerebro cómo la gente que comparte una ideología se comunica mejor", *Clarín*, 20 de marzo de 2008.

punto de vista político de una universidad de arte privada del noreste de EEUU. El otro era un cristiano conservador, republicano, que asistía a una universidad grande del medio oeste. *Se mostró a los participantes de este estudio fotografías de ellos mismos y de otras dos personas, junto con comentarios como "le gusta esquiar" o "le gusta la manteca de maní y la mermelada". Se les pidió luego que indicaran qué posibilidades había de que esas frases fueran ciertas.*

Clarín[56] asegura que "los celos tienen origen genético". Se trata de un trabajo típico de los psicólogos evolucionistas que para cualquier conducta humana interesante buscan su origen en alguna ventaja de supervivencia, y por tanto reproductiva, del pasado remoto. Para ello buscan algún argumento convincente que, en la mayoría de los casos, también resulta compatible con lo contrario, es decir la atribución del fenómeno en cuestión a causas culturales. Según este estudio del Dr. David Buss de la Universidad de Texas:

> las diferentes presiones a las que estaban sometidos en su lucha por la supervivencia, el cerebro de las mujeres y los hombres modernos está *programado*[57] *para responder de manera diferente a la infidelidad. A los hombres les provoca más celos la infidelidad sexual, una estrategia que funcionó muy bien en la Edad de Piedra ya que promovió el éxito re-productivo.* Las mujeres, en cambio, se sienten más afectadas por la traición emocional, que podría dejarlas sin marido y, de alguna forma, sin recursos.

¿Cómo sabrán que los hombres de la "Edad de Piedra" tenían más celos por la infidelidad sexual como no sea por algún prejuicio hollywoodense? Estos trabajos extrapolan

---

[56]   "Un grupo de psicólogos norteamericanos sostiene que los celos tienen origen genético", *Clarín*, 25 de octubre de 2002.

[57]   Sobre este tipo de metáforas se volverá en el "Capítulo 3".

a toda la humanidad y a todo el linaje humano de cientos de miles de años las características más cercanas de la cultura propia.

Hablando de los celos, *Clarín*[58] publica otra investigación, según la cual los celos estarían en relación con la estatura. Esto según un estudio de "dos universidades europeas" (Groginga, en Holanda y Valencia) en el que participaron 349 estudiantes españoles y 200 holandeses. Otra vez la metodología es la encuesta, y aquí los investigadores partieron "del supuesto de que los hombres altos tienen parejas más atractivas y un mayor éxito reproductivo porque son preferidos por las mujeres".

> En el caso puntual de los holandeses, se les consultó cuán celosos eran en sus actuales relaciones sentimentales. Por su parte, a los jóvenes valencianos les indicaron que se imaginaran a sus parejas flirteando con otro y que describieran lo que sentían. Los resultados –publicados en la revista científica *Evolution and Human Behavior*– fueron claros: los varones altos tienen menos razones para ser engañados por sus parejas y, además, pueden disuadir con más éxito a sus rivales de que compitan por sus adoradas compañeras. En lo referente a las mujeres, las de estatura media se impusieron como más atractivas y saludables, mientras que las muy altas o las muy bajitas suelen quedar relegadas sentimentalmente. *Por eso*, según el estudio, las de una altura intermedia serían menos celosas en sus relaciones.

Pero lo más increíble es el aporte esclarecedor con que complementa el autor su artículo al entrevistar a una tal "Verónica Suárez, de 26 años", que aseguró: "Soy muy celosa, y en parte tiene que ver con que no ser alta te hace sentir un poco insegura".

---

[58]   "Afirman que los petisos son más celosos que los altos", *Clarín*, 23 de marzo de 2008.

En el sitio Yahoo (22 de diciembre de 2007) se preguntan: "¿Puede la popularidad social tener raíces genéticas?" y, según el artículo, basado en una publicación aparecida en la revista *Journal of Personality and Social Psychology*, que edita periódicamente la American Psychological Association, expertos de la Universidad de Michigan "probaron" que los varones que tenían una copia activa de ciertos *genes relacionados con actitudes rupturistas y poco conformistas* (sic) eran, en general, *rankeados* por sus compañeros como "personas más populares". Increíblemente, la genética no sólo determina las conductas de los individuos sino también la de los que lo rodean.

Según *Clarín*[59] un equipo del Instituto de Psiquiatría de Londres analizó reportes de salud física y mental –pertenecientes a Nueva Zelanda– de mil personas desde el día de su nacimiento. Ese estudio "permitió identificar" un gen asociado que sería responsable de la mala conducta o del mal comportamiento. Pero el estudio no se queda allí y, pasando sin solución de continuidad de la mala conducta a la criminalidad, concluye que existirían dos tipos de delincuentes:

> Uno formado por personas que pasan a cometer algunos crímenes por influencia, especialmente, de ciertas malas compañías. Y otro grupo, más problemático, formado por aquéllos que pasan a dar señales de un comportamiento antisocial ya desde muy corta edad. Ésos serían chicos con "predisposición biológica" para tener problemas de mala conducta o mal comportamiento.

Ni más ni menos, con un lenguaje algo cambiado, que las conclusiones de la antropología criminal de Lombroso y de las sucesivas herejías y teorías sobre la criminalidad

---

[59]   "Identifican un gen que estaría relacionado con la mala conducta", *Clarín*, 14 de abril de 2008.

nata: hay un porcentaje relativamente importantes de criminales natos y otro de criminales de ocasión.

BBC Ciencia[60] asegura que la facilidad o la dificultad para comenzar el día temprano por la mañana depende de los genes y que para ello basta con unos sencillos exámenes de la saliva. *Clarín*[61] recoge el mismo trabajo.

También, según *Clarín*,[62] habrían descubierto, a partir de una experiencia con ratones, el gen que hace que algunos individuos prefieran los dulces, y genes relacionados con las fobias.[63] Pero los ratones dan para todo, y así *Clarín*[64] anuncia que un equipo de científicos de la Universidad Autónoma de Barcelona publica en la revista *Genome Research* que han identificado los genes del miedo mediante el siguiente experimento:

> Los datos han sido obtenidos tras *una exhaustiva investigación con mil ratas* de laboratorio que han sido sometidas a situaciones de miedo. Las ratas, *algunas miedosas y otras más atrevidas*, fueron sometidas a experimentos que les provocaron miedo, como salir a un espacio exterior no habitual, relacionarse con otras ratas desconocidas, atravesar caminos sin paredes o reconocer que tras ser sometidas a determinados flashes de luz les iban a soplar en el hocico. Tras analizar la reacción de las ratas a estos distintos miedos inducidos, los investigadores enviaron muestras biológicas de los animales al Institute of Psychiatry de Londres, al Wellcome Trust Centre for Human Genetics de Oxford (Reino Unido), al Nutztierwissenschaften de Zurich (Suiza) y al

---

[60] "No es pereza, son sus genes", *BBC Ciencia*, 6 de junio de 2008.
[61] "Polémicos test para detectar si la fiaca es genética", *Clarín*, 11 de junio de 2008.
[62] "Descubrieron el gen que enloquece a los golosos", *Clarín*, 25 de abril de 2001.
[63] "El miedo y la ansiedad, con bases genéticas", *Clarín*, 3 de septiembre de 2002.
[64] "Identifican los genes del miedo en el cromosoma 5", *Clarín*, 25 de abril de 2002.

Dhome Research Laboratories del Neuroscience Research Centre de Essex (Reino Unido). En estos laboratorios se analizaron las características genéticas de cada rata, *cromosoma a cromosoma*, y *se pusieron en relación con sus contestaciones* y reacciones ante el miedo inducido a que habían sido sometidas. De esta manera, se comprobó por primera vez la *influencia de un determinado cromosoma, el 5, en las diversas manifestaciones del miedo y se logró identificar así el marcador genético relacionado con las conductas del miedo.*

En la misma línea se descubrió el gen de la timidez[65] mediante la siguiente experiencia:

La pantalla de una computadora mostraba a los niños imágenes de sus pares con expresiones de alegría, rabia y neutralidad. Paralelamente, una serie de electrodos registraban la actividad cerebral. Los electrodos empleados eran altamente sensibles para detectar tanto las variaciones de potencial que se registran entre 300 y 400 milésimas de segundo cuando un individuo es expuesto a un estímulo sensorial importante, como la expresión del rostro de la otra persona.

Las breves trazas encefalográficas registradas en el test mostraron cómo los niños más tímidos tenían, en algunos contextos sociales, modalidades particulares de activación del cerebro. Por último, los datos psicológicos y cerebrales fueron cruzados con los genéticos. El análisis de la secuencia del ADN de los niños permitió a los investigadores descubrir que un *porcentaje significativo* (sic) de los sujetos más tímidos tienen en común estas trazas encefalográficas particulares y una variante del gen 5-HTTLPR, como se lo *bautizó*.[66] Es justamente este gen –que regula el transporte de la serotonina, uno de los principales neurotransmisores del cerebro– *que puede ser visto como la llave de la timidez.*

---

[65]   "Descubren el gen vinculado a la timidez", *Clarín*, 8 de enero de 2005 (tomado de *La República*).

[66]   Nótese el uso de metáforas religiosas; en el "Capítulo 3" volveremos sobre esto.

No se dice cuál es ese "porcentaje significativo", pero en tal caso ¿cómo explican la timidez del resto?

La genética y la psicología evolucionista también se han metido a buscar el gen de dios (o de la religiosidad). El más conocido en esta búsqueda es el genetista estadounidense Dean Hamer, director de la Unidad de Regulación de la Estructura Genética en el Instituto Nacional para el Cáncer. Hamer ya se había adjudicado el hallazgo del gen gay que luego fue rebatido por otros investigadores que no encontraron nada donde Hamer decía haberlo hallado. El *London Sunday Telegraph* publica: "Genetista afirma haber encontrado el gen 'religioso' en humanos", comentando los "hallazgos" de Hamer. La metodología es casi siempre la misma:

> Dean Hamer, director de la Unidad de Regulación de la Estructura Genética en el Instituto Nacional para el Cáncer, ubicado en Bethesda, pidió a unos voluntarios que le respondieran a 226 preguntas para determinar *el nivel de espiritualidad* con el que se sentían conectados al universo. Cuanto más alta era la puntuación, mayor era la *habilidad* (sic) de esa persona para creer en una gran fuerza espiritual, y el Sr. Hamer encontró que en estas personas la probabilidad de compartir el gen VMAT2 también era mayor. Los estudios en gemelos demostraron que aquéllos con este gen, un transportador vesicular de monoaminas que regula el flujo de elementos químicos que alteran el humor en el cerebro, tenían mayores probabilidades de desarrollar creencias religiosas.

Hamer publicó en 2004 un libro titulado *The God Gene* (*El Gen de dios*), en el cual asegura que las creencias religiosas están ligadas a ciertas substancias químicas presentes en el cerebro. El citado gen VMAT2 sería el responsable de la fe, añadiendo además que los ateos carecen de este gen, e incluso no descarta la posibilidad de que ese gen haya sido heredado por los cristianos a partir del propio Jesucristo. Aunque a las autoridades religiosas les incomoda mucho la posibilidad de que la religiosidad quede reducida a la bioquímica, los trabajos en ese sentido proliferan. *Clarín*[67] anuncia que la Universidad de Oxford gastará casi 4 millones de dólares (con fondos de la Fundación John Templeton) para buscar las razones de las creencias religiosas:

> El Centro Ian Ramsey para la Ciencia y la Religión congregará a antropólogos, teólogos, filósofos y otros académicos para estudiar si la creencia en un ser divino es un componente básico de la humanidad, según se informó.
>
> Hay muchos temas por solucionar –comentó Roger Trigg, director en funciones del centro–. ¿Qué es lo que es inherente en la naturaleza humana para creer en dios, ya sean dioses o algo superhumano o supernatural?.
>
> El director del centro añadió que la investigación antropológica y filosófica sugiere que la fe en dios es un impulso humano universal presente en la mayoría de las culturas de todo el mundo, aunque ha decaído últimamente en Gran Bretaña y en Europa Occidental. "La religión es la posición más común, mientras que el ateísmo quizá necesite una explicación", dijo Trigg.

No se tratará de resolver la cuestión teológica, sino que, según el enfoque de las ciencias cognitivas (incluyendo también las neurociencias, la biología evolutiva o la lingüística), "tratarán de demostrar sobre todo si la creencia en dios ha representado una ventaja para la humanidad desde el punto de vista de la evolución". Parece que cuatro millones de dólares es mucho dinero para semejante empresa, aunque como es notorio hay quienes están dispuestos a gastarlos.

---

[67]   "Investigarán por qué se cree en Dios", *Clarín*, 21 de febrero de 2008.

BBC Ciencia[68] distribuyó una noticia que fue recogida en varios medios según la cual "duele menos si cree en dios", comentando un trabajo de científicos de la Universidad de Oxford. La experiencia fue la siguiente:

> durante una *experiencia religiosa* se activa una zona del cerebro que se cree está vinculada a la evaluación de los estímulos emocionales. El estudio llevó a cabo escáneres cerebrales de individuos que fueron sometidos a choques eléctricos después de mirar imágenes religiosas. Según los investigadores, *los participantes católicos creyentes experimentaron menos dolor cuando miraban una imagen de la virgen María*. En el estudio participaron dos grupos de voluntarios, uno de devotos creyentes católicos y otro de ateos y agnósticos. El experimento consistió en mostrar a los voluntarios una pintura de la virgen María del artista italiano del siglo XVII Sassoferrato o el retrato de La Dama con Armiño de Leonardo da Vinci. Después de mirar alguna de las pinturas durante 30 segundos, los voluntarios eran sometidos a choques eléctricos durante 12 segundos. Cada vez tenían que calificar qué tan dolorosos eran los choques en una escala de cero a 100. *Según los científicos, tanto los católicos creyentes como los agnósticos registraron niveles similares de dolor después de ver la pintura de Leonardo. Sin embargo, ambos grupos respondieron de forma muy diferente cuando se les mostró a la virgen María.*
> *Los católicos experimentaron 12% menos dolor*, afirman los autores. Cuando compararon los escáneres cerebrales de los dos grupos, los investigadores encontraron que cuando los creyentes veían a la virgen se activaba *una zona del cerebro que suprime las reacciones a situaciones que son amenazantes.*

La metodología de la encuesta a gemelos permite muchas variantes. *Clarín*[69] comenta un estudio realizado

---

[68] "Duele menos si cree en Dios", *BBC Ciencia*, 2 de octubre de 2008.
[69] "La facilidad de las mujeres para llegar al orgasmo, ¿depende de sus genes?", *Clarín*, 8 de junio de 2005.

en Gran Bretaña para demostrar que el orgasmo femenino depende de la genética.

Para el estudio, los científicos del hospital St. Thomas de Londres enviaron cuestionarios a 4037 mujeres que figuran en el registro británico de mellizas. La mitad de ellas eran mellizas idénticas y la otra mitad no eran idénticas. Una de cada tres mujeres confesó que nunca o casi nunca lograba un orgasmo durante sus relaciones sexuales y un 21% dijo lo mismo acerca de la masturbación. Esas cifras se corresponden con los resultados de otras investigaciones realizadas en las pasadas décadas.
"Los cuestionarios *revelaron una influencia genética* (sic) significativa con respecto a la capacidad para llegar al orgasmo", explica el investigador Tim Spector, epidemiólogo genético del hospital St. Thomas. "La similitud en la experiencia del orgasmo fue mayor entre las mellizas idénticas que entre las no idénticas", aclara. Y debido a que *la única diferencia entre ambos grupos era genética* (sic), los investigadores *concluyeron que la disparidad se debía a componentes genéticos.*

No podía faltar la exactitud matemática para estas investigaciones. Los investigadores "llegaron a la conclusión que el *34%* de los problemas que sufren las mujeres incapaces de lograrlo durante el acto sexual son de carácter genético. Este porcentaje *aumenta al 45%* cuando se trata de masturbación".

Según *Clarín*[70] un estudio realizado por las universidades de Chicago y Libre de Amsterdan "reveló que existe una predisposición genética a padecer" la sensación de soledad. Lo único que se dice sobre la experiencia reveladora es que se realizó sobre gemelos idénticos y no idénticos. El artículo transcurre en declaraciones prudentes de especialistas nacionales y extranjeros sobre los verdaderos alcances de

---

[70]   "Afirman que la soledad tiene un componente genético", *Clarín*, 3 de diciembre de 2005.

la genética y los componentes ambientales y biográficos en la determinación de las conductas y las inclinaciones. Pero lo que más llama la atención es el aporte irrelevante e impertinente del periodista:

> Varios de esos casos mencionados y sus variantes son parte de las cifras de los solos y solas de la Argentina. Según las estadísticas del INDEC, 1.700.000 hogares de nuestro país son unipersonales. Y los porteños son los que están a la cabeza de estos números: 26% de la población de Capital Federal. La mayoría son mujeres (179.628) frente a 88.873 hombres.

Y para completar la clarificación del tema agrega: "Un dato más: el 56% de los hogares unipersonales son sustentados por ellas".

También el gen de la agresividad es objeto de la búsqueda. *Clarín*[71] nos explica la experiencia desarrollada en la Universidad de Pittsburgh por S. Manuck. Luego de una explicación bastante confusa sobre la experiencia, en la cual sobrevuela la idea de que sólo se prueba lo que prejuiciosamente se iba a buscar, es increíble la explicación *ad hoc* de los casos en que los individuos que portarían el gen en cuestión no son agresivos y sobre todo la enorme capacidad de los genes de un individuo de ser sensibles al nivel de educación de los padres:

> Sin embargo, aclararon que los hombres con la variante genética de la "agresión" no necesariamente son violentos. La genética parece ser predictiva *sólo si los hombres tienen actitudes hostiles, si recibieron poco afecto cuando eran niños y si sus padres no llegaron a completar la escuela secundaria.*

Como el hombre, finalmente, es el único que padece angustias existenciales y tiene conciencia de su muerte, no

---

[71] "Una variación genética hace agresivos a muchos hombres", *Clarín*, 21 de junio de 2006.

podía faltar la búsqueda del gen de la longevidad o, mejor, el gen de la longevidad "saludable",[72] que han denominado "Matusalén" y que confiere "longevidad y salud a hombres y mujeres". El trabajo se hizo en Islandia, país que conserva registros genealógicos exhaustivos y muy antiguos, y, además, es un país donde la información genética de la población "ha sido privatizada".[73] Consistió en comparar dos grupos de personas (de 1200 cada uno aproximadamente): el primero de personas que habían vivido la edad promedio y el otro de personas longevas. El resultado fue que los del segundo grupo guardaban cierto grado de parentesco.

Kari Stefansson, directora de la empresa de biotecnología islandesa DeCode Genetics que realizó el trabajo, no es, precisamente una mujer prudente. Dijo: "*Sabemos la ubicación de este gen*. Pronto podremos analizar su secuencia de ADN y determinar cómo funciona en el organismo. El siguiente paso será producir medicamentos que logren imitarlo". También dijo: "nos sorprendió descubrir que la longevidad parecía actuar como si la *confiriera un solo gen* (…) De alguna manera, que estamos investigando, este gen produce una proteína que contribuye a que la gente sea muy longeva". Sin embargo, el gen "*no confiere inmortalidad* (sic), destaca Stefansson", pues "*si se heredan otros genes que hacen que la gente muera joven,* entonces no se llega a la edad en que pueden aprovecharse las bondades del gen Matusalén".

---

[72]   "Identifican el gen vinculado a la longevidad saludable", *Clarín*, 12 de febrero de 2002.

[73]   En diciembre de 2008 el Parlamento islandés aprobó una licencia exclusiva para *Decode Genetics Inc.*, sobre el derecho a crear, operar y obtener ganancias de la Base de Datos del Sector de Salud Nacional, que comprenderá información personal, médica y genética de casi todas las personas de Islandia.

A la hora de explicar genéticamente por qué un hombre atrae a algunas mujeres y no a otras, *Clarín*[74] relata de manera francamente desconcertante una investigación realizada por "las doctoras Carole Ober y Martha McClintock en la Universidad de Chicago". El estudio consistió en hacer oler a un grupo de 49 mujeres "remeras usadas por un grupo de hombres a los que no conocían". La explicación parece algo contradictoria porque mientras se hace hincapié en una experiencia anterior con ratones que preferían los olores provenientes de congéneres no emparentados, cosa que las investigadoras atribuyen a que la "coincidencia genética tal vez se vea favorecida por la evolución, ya que ayudaría a advertir los riesgos que acarrea la formación de, por ejemplo, una pareja entre miembros de una misma familia", las mujeres, en cambio, eligieron mayoritariamente los olores de aquellas remeras cuyos usuarios *tenían similitud con el paquete de genes paterno*". A despecho del título, la doctora Ober, que realizó el experimento, dijo que el experimento no había podido demostrar que la elección de una pareja tuviera que ver con el olor. Y también opinó sobre la perniciosa tendencia que los humanos tenemos de elegir nuestras parejas según criterios diferentes no biológicos, y se lamentó de que "*las diferencias económicas y educativas suelen jugar un papel importante en la elección de una pareja, tal vez, opacando por completo las señales genéticas*". No satisfecha con esto, ensayó una gran hipótesis científica: es posible que esta lamentable interferencia de las cuestiones no biológicas "*explique la alta tasa actual de divorcios*".

---

[74]   "La genética podría explicar por qué un hombre atrae a una mujer y no a otra", *Clarín*, 3 de febrero de 2002.

El gen de la velocidad y sus posibles derivaciones tampoco escapa a estos cazadores de "genes de..."[75] Lo mismo que el gen del color de la piel;[76] el gen de la evolución del cerebro;[77] o el origen del habla.[78]

Incluso los estilos de compra masculino y femenino estarían en los genes.[79] "Daniel Kruger, docente investigador en la Escuela de Salud Pública de la Universidad de Michigan, dice que es perfectamente natural que tantos hombres no puedan distinguir una media verde de una marrón, o que una cantidad igual de mujeres no puedan decir si la zapatería está al norte o al oeste de la escalera mecánica." Asegura que todo se remonta a las "destrezas que las mujeres usan para la recolección de plantas alimenticias y las destrezas que los hombres usan para cazar por carne. El contraste emerge debido a las diferentes estrategias para la caza y la recolección usadas durante la evolución humana". Una gran cantidad de hipótesis culturales pueden esgrimirse para dar explicación a estas conductas (probablemente restringidas a las clases medias urbanas de países occidentales) y, por otro lado, no habría ninguna buena razón para que estas conductas humanas hayan quedado fijadas evolutivamente en esa etapa y no en otra. El estudio "que se publicará en diciembre en la revista *Journal of Social, Evolutionary and Cultural Psychology*" fue decidido por el Dr. Kruger, luego de un viaje de vacaciones invernales con amistades en Europa:

---

[75] "Advierten que una terapia con genes puede crear superatletas", *Clarín*, 18 de febrero de 2004; "Un 'ratón olímpico' fue creado por la ingeniería genética", *Clarín*, 26 de agosto de 2004.

[76] "Un gen determinaría el color de la piel", *Clarín*, 18 de diciembre de 2005.

[77] "Un gen, clave en la evolución del cerebro", *Clarín*, 16 de enero de 2004.

[78] "Descubren el origen del habla", *Clarín*, 15 de agosto de 2002; "Aseguran que existe un gen del lenguaje", *Clarín*, 20 de octubre de 2001.

[79] "Los estilos de compra masculino y femenino están en los genes", www.neomundo.com.ar/saludyciencias.com.ar, 4 de diciembre de 2009.

"Después que exploraron pequeñas aldeas adormecidas y llegaron a Praga lo primero que las mujeres quisieron hacer fue ir de compras, señaló Kruger, y los hombres no podían entenderlo." Dice Kruger:

"Tenemos pruebas de que el tipo de destrezas, habilidades y *comportamientos que son importantes para la caza y la recolección en las sociedades que viven actualmente de la caza y la recolección* (sic) emergen de forma previsible en nuestro ambiente de consumo moderno (...) Pero eso no es tan irracional si uno considera una estrategia de recolección", añadió Kruger. "En cualquier momento que se llega a una nueva área uno quiere revisar el paisaje para determinar dónde están las áreas con comida. (...) la recolección de plantas y hongos, comestibles tradicionalmente la realizan las mujeres. En términos modernos imagínese que llena una canasta seleccionando un artículo por vez", añadió. "En las sociedades recolectoras las mujeres retornan a las mismas áreas que antes proveyeron cosechas exitosas, y habitualmente permanecen cerca del hogar y usan para guiarse puntos de referencia. La recolección es una actividad cotidiana, que a menudo se lleva a cabo en grupos y puede incluir a los niños chicos si es necesario. Mientras hacen la recolección, las mujeres deben ser muy atentas a la elección del color, la textura y el aroma apropiados para asegurarse de la calidad y buena condición de la comida. Asimismo deben espaciar en el tiempo las cosechas, y saber cuándo una cierta área agotada se regenerará y volverá a rendir una cosecha".

Esto, según Kruger, explicaría por qué:

en términos modernos, es probable que las mujeres sepan cuándo un tipo específico de artículo saldrá a la venta mucho más que los hombres. Las mujeres también pasan mucho más tiempo eligiendo la tela, el color y la textura perfecta. Por su parte los hombres a menudo tienen un artículo específico en mente y quieren ir a la tienda, conseguirlo, y mandarse mudar. *Es crucial traer la carne a la casa tan pronto como sea posible.*

Pero además de la explicación, a juzgar por el artículo, completamente arbitraria y especulativa, quizá lo más interesante sea la respuesta de Kruger a la pregunta que se hace el periodista: "¿por qué esto es importante?".

> "El valor está en entenderse los unos a los otros", dijo Kruger. "Tanto su propia estrategia de compras como la estrategia de compras del sexo complementario, ayuda a *desmitificar las conductas*. A los hombres siempre nos desconcierta la forma en que las mujeres van de compras. Y es posible que las mujeres tengan dificultades para comprender la aversión de los hombres a ir de compras", añadió.

Por fin ahora podemos comprender, gracias a la psicología evolucionista, que lo que las mujeres (de clase media occidental, eso sí) hacen es una suerte de atavismo de sus ancestros cazadores-recolectores, y las mujeres ya no se molestarán cuando sus esposos/parejas/amantes se pongan de mal humor cuando los llevan de compras.

3. De genes, monos y humanos

La relación, el parentesco, la cercanía o la lejanía de las conductas compartidas con los simios también dan tema para la divulgación. *Clarín*[80] publica un artículo que ya desde el título ("El gen que nos salvó de vivir como la mona") anticipa el uso de metáforas ramplonas, un discurso burdo según un lenguaje machista y misógino. Lo único que se dice sobre el supuesto hallazgo es:

> El asunto –y aquí finalmente viene la noticia, contra toda norma– es que, durante la prolongada convivencia, a los

---

[80]   "El gen que nos salvó de vivir como la mona", *Clarín*, 26 de noviembre de 2006.

sapiens las neandertales les parecieron no muy finas pero sí seductoras por lo cual las "cortejaron" -*mejor ni pensar cómo*- con todo éxito. Y según anunció hace unos días Bruce Lahn, investigador de la Universidad de Chicago, esas nada agraciadas neandertales nos habrían *prestado* entre tanta gimnasia de *sexo hard* un gen esencial para el desarrollo del cerebro.

El articulo expone sin tapujos (probablemente en aras de conseguir un relato ameno y chistoso, valor tan apreciado por el PC) una imagen completamente extemporánea, prejuiciosa e ideológica del mundo humano de hace algunos miles de años. El artículo termina, en el mismo tono, con alguna mescolanza indebida entre evolución y progreso, una declaración políticamente correcta y nuevos prejuicios hollywoodenses sobre el hombre primitivo:

no nos fue tan mal a los monos evolucionados que somos en especial, digamos, en los últimos *5 milenios* (sic). Y eso a pesar de Rumsfeld, de Putin, de los señores de Hezbollah y de los que dispusieron aquí de Jorge López, bastante peores todos que las *peores bestias* de aquellos años remotos de *piedra y furor.*

Este estilo de buscar semejanzas y diferencias entre los genomas humanos y los de algunos monos más cercanos en el devenir evolutivo da lugar a múltiples trabajos y estudios. *Clarín*[81] comenta un trabajo realizado por Svante Paabo y sus colegas del Instituto Max-Planck de antropología evolutiva de Leipzig, Alemania, y del Wellcome Trust Center for Human Genetics de la Universidad de Oxford, Inglaterra. La descripción es la siguiente:

---

[81]   "Los primates no hablan porque carecen del 'gen del lenguaje'", *Clarín*, 15 de agosto de 2002.

Su objetivo consistía en verificar si *un gen implicado* en la producción de la palabra que está presente en el ser humano existía también en los animales, sobre todo en los primates. Ese gen, FOXP2, uno de los más recientes descubrimientos de la biología, sería el responsable de la fabricación de una proteína indispensable para el funcionamiento de diversas zonas que posibilitan el lenguaje, ya que en su ausencia el hombre tendría dificultades para articular las palabras y dominar la sintaxis. No hay señales de su presencia en los animales, ni siquiera en el primo hermano del hombre, el chimpancé.

La certeza en el origen común de los seres vivientes, el conocimiento cierto del parentesco entre los humanos con algunas de las especies de simios, más algunas fantasías ideológico/matemático/políticas junto con la permanente confusión entre diversidad y desigualdad han dado lugar a algunos planteos extravagantes como el Proyecto Gran Simio, surgido en Europa en 1993, y que publicó la Declaración de los Grandes Simios Antropoideos, bajo el eslogan "La igualdad más allá de la humanidad". Proponía ampliar la comunidad moral de los iguales al grupo zoológico de los grandes simios (chimpancés, bonobos, gorilas y orangutanes) apoyado en que son parientes cercanos. La extravagancia de este proyecto no proviene de adjudicar derechos a los animales (monos) sino de creer que esa adjudicación dependerá del porcentaje de ADN compartido con los humanos. ¿Por qué no adjudicar derechos humanos a otras especies que si bien no comparten el 99%, comparten el 98% o el 97%? ¿Por qué no adjudicar derechos humanos a las ratas, mamíferos al fin, que comparten con los humanos (si queremos hablar en estos términos) un porcentaje muy alto de genes, o a los helechos, seres vivos terráqueos después de todo con una bioquímica similar y un buen porcentaje del ADN compartido? El mundo del deber ser, el mundo de los derechos, es un mundo humano y, en todo caso, los derechos a los animales son reglas que los humanos ponen para protegerlos de otros humanos. Esta enorme confusión entre biología y sociedad/historia, como se comprenderá hija del DB, lleva a creer indebidamente que la biología tiene cosas para decir acerca de los derechos y, en suma, acerca de la política.

En la misma línea, la agencia de noticias AFP[82] envía una nota publicada luego en diversos medios según la cual "el Superior Tribunal de Justicia (STJ) de Brasil debe decidir si dos chimpancés, de nombre Lili y Megh, tienen derecho a recibir garantías constitucionales, *en base a* (sic) estudios que indican que comparten 99% del ADN humano".

Pero en este juego de cercanía/lejanía genética, *Clarín*[83] nos decepciona al decirnos que el chimpancé "está más lejos del humano de lo que se creía", según el trabajo de un grupo de "67 científicos de diferentes países –Israel, Italia, Alemania y España– dirigidos por miembros del Instituto Nacional de Salud (NIH) y del Instituto de Investigaciones sobre el Genoma Humano (NHGRI) de los EEUU" que consiguió elaborar "*el borrador* más completo de la secuencia del genoma del chimpancé". El artículo incluye algunos párrafos sin sentido como por ejemplo: "Al comparar ambos genomas se identificaron varias regiones en el genoma humano que *llevan las marcas de una fuerte selección natural*" o también "de hecho, *la proteína humana típica* mostró apenas un solo cambio". Como siempre, al final hay una moraleja terapéutica.

---

[82]   "Piden derechos constitucionales a chimpancés por compartir 99% de ADN humano", AFP.

[83]   "El chimpancé está más lejos del humano de lo que se creía", *Clarín*, 1 de septiembre de 2005.

4. Más antropomorfismo/zoologismo

Como decíamos antes, una de las características recurrentes de este tipo de artículos es la antropomorfización de la conducta animal y, su contraparte, la zoologización de la conducta humana. De hecho ya hemos visto ratones, gansos y otras especies infieles y, lo peor, adúlteras. Pero hay más.

Clarín[84] publica que las hormigas "también pueden ser corruptas" y ese descubrimiento rompería con la visión tradicional según la cual "hormigas cortadoras (que pertenecen a dos géneros: Atta y Acromyrmex) representaban el pináculo de la *expresión social y tecnológica* (sic) entre estos insectos". Pero lo más increíble es la prueba:

> A partir del análisis del ADN de cinco colonias de hormigas cortadoras de hojas, se descubrió que en cada colonia –formada normalmente por una reina madre y entre diez y cuatro machos– las crías de algunos machos tenían más probabilidades de llegar a ser reinas. Hasta ahora se creía que todas las larvas por igual tenían las mismas posibilidades de alcanzar el trono. "El punto más importante de nuestro descubrimiento es que las crías que tienen los tipos genéticos reales tienen más probabilidad de convertirse en reinas. La base de una colonia de hormigas se sostenía en que cada una de las crías tenía las mismas posibilidades de llegar a ser reina. De modo que la existencia de estos tipos de '*genes de realeza*' está estafando a esa *estructura social, basada en una supuesta igualdad de condiciones*", puntualizó a Clarín el doctor Hughes. (…) los investigadores descubrieron que las hormigas machos con "esperma de realeza", la diseminan en distintas colonias *para que no se note la ventaja injusta* que les confieren solamente a sus descendientes.

---

[84]   "Descubren que las hormigas también pueden ser corruptas", *Clarín*, 16 de marzo de 2008.

Sorprende la terminología: *"estafando"*, *"estructura social, basada en una supuesta igualdad de condiciones"*, *"ventaja injusta"* al hablar de hormigas... Pero si por un lado estas astutas hormigas pueden ser corruptas, según otro estudio las hormigas pueden ser bastante tontas. Según *La Nación*[85] pueden ser engañadas por *"orugas impostoras"*. Según investigadores de las universidades de Turín y de Oxford esto se debería a que emiten un sonido parecido a la de las hormigas reinas y por eso las hormigas obreras les dispensarían un cuidado preferencial. Las hormigas, entonces, son bastante tontas ya que, según el artículo, la "treta" de las orugas podría ser utilizada "por algunas de las otras 10.000 [sí, 10.000] especies de parásitos sociales que, se cree, engañan a las sociedades de hormigas".

Sigamos con las hormigas. En el suplemento Futuro de *Página 12*[86] se parte de un análisis algo ramplón del marxismo para mostrar que un estudio en hormigas daría por tierra con la idea de que la división del trabajo es la forma natural más eficiente y que incluso las hormigas (que junto con los insectos sociales en general) conformarían la versión natural paradigmática de esa idea. Un estudio de investigadores de la Universidad de Arizona sobre 1142 hormigas "arrojó como resultado que aquellas hormigas que se abocan a una sola tarea no son las mejores en el desempeño de ellas". El relato de la experiencia no tiene desperdicio por la cantidad de prejuicios antropomórficos y errores epistemológicos:

Anna Dornhaus de la Universidad de Arizona, EEUU, junto a su equipo, se tomó el trabajo de pintar a cada una de las hormigas de las 11 colonias estudiadas (de entre 27 y 233

---

[85] "Orugas impostoras engañan a las hormigas", *La Nación*, 6 de febrero de 2009.

[86] "Biología y división del trabajo: hormigas comunistas. De especialistas y diletantes", *Página 12*, 3 de enero de 2009.

miembros cada una). Las transportaron a nidos ubicados en el laboratorio para ser filmadas a través de un vidrio transparente mientras llevaban adelante alguna de las siguientes cuatro tareas: cargando elementos durante una emigración, recolectando una solución de agua y miel, acarreando drosophilas muertas o cargando granos de arena para la construcción del nido. Todos los viajes para llevar adelante una de estas tareas implicaban recorrer una distancia similar por lo que la *elección* de cualquiera de ellas no representaba una diferencia de esfuerzo.

Nótese que el nivel de desagregación o especialización es completamente prejuicioso, pues la tarea parece ser la misma, cargar y llevar, incluso se señala que la distancia y el esfuerzo son similares. Prosigamos: "La frecuencia con que una hormiga elegía alguna de las tareas en particular *indicaba su nivel de especialización* (sic)".

Nótese que no se trata más que del relevamiento estadístico de las tareas desarrolladas en ese momento y en ese experimento. Sigue:

Entre las hormigas existen algunas pocas variedades en las que se da la división del trabajo por las características físicas distintas de sus individuos: las más grandes acarrean, las más fuertes o venenosas defienden, etc. En el caso de las Temno-thorax albipennis este polimorfismo no se da por lo que se suponía que tenía que ser la *experiencia en una tarea la que permitiera mejorar el desempeño*. Como el aprendizaje también tiene su costo energético (tiempo perdido en prueba y error, gastos en tejidos neuronales que consumen más que otros, etc.), *lo mejor es enfocarlo en aquellas actividades que más van a rendir en el futuro* [nótese el prejuicio adaptacionista]. Nada de esto ocurrió con las hormigas estudiadas.
El tiempo que llevó a cada hormiga desempeñar algunas de las 4 tareas estudiadas fue muy variado y no mostró ninguna relación con la diversidad en las tareas encaradas: quien se *especializaba* [las "especialistas" simplemente son

aquéllas que comenzaron a realizar una tarea determinada y no otra...] en la recolección de agua con miel demoraba más o menos, indistintamente, que aquélla que hasta ese momento se había dedicado a transportar granos de arena. Incluso una tarea que llevaba a un individuo 100 segundos podía llevar a otro 40 veces más *sin que nadie le recriminara nada* y sin relación alguna con la cantidad de tareas entre las que distribuía sus energías. Algo más del 30% de los individuos analizados se especializaron en una sola tarea y, sin embargo, no lograron superar a sus compañeros diletantes tal *como hubiera previsto el sentido común*. Ni siquiera *los tiempos muertos entre una tarea y la siguiente* eran menores entre los que no cambiaban de actividad. Es decir que *el éxito de estos insectos sociales en particular no se debe a la especialización, en contra de todas las expectativas.*

Nótese el lenguaje economicista y eficientista, según el cual un concepto como la división del trabajo pudiera aplicarse calcadamente desde la teoría económica al comportamiento de las hormigas. Incluso la metáfora llega muy lejos cuando aparece la figura del patrón, gerente o encargado, ya que si bien algunas hormigas tardaron más que otras no apareció ninguna "que le recriminara nada". Los "tiempos muertos" también aluden a conceptos económicos de dudosa aplicación aquí. Quizá se deba a que las hormigas están en la etapa fordista y todavía no llegó el toyotismo. ¿De dónde salen, sino del prejuicio y de la pésima conciencia epistemológica, las "expectativas" contrariadas de que el éxito de esos "insectos sociales" se deba a la especialización en sentido humano y capitalista?

Unos investigadores argentinos descubrieron que hay lobos marinos "acosadores sexuales", aunque "son los menos elegidos para la reproducción". El artículo de *Clarín*[87] no explica muy bien el concepto pero aparentemente son "acosadores

---

[87]   "Península Valdés: hay lobos marinos acosadores sexuales", *Clarín*, 4 de agosto de 2008.

sexuales" aquéllos que se muestran más agresivos e insistentes con las hembras, que en general suelen rechazarlos y favorecer a los mas "amables". Huelga señalar que el acoso sexual es una figura penal que refiere a la propuesta sexual de superiores jerárquicos a sus respectivos subordinados aprovechándose, justamente, de su posición privilegiada y superior, bajo la amenaza explícita o potencial de tomar represalias. Pensar que la figura de "acoso sexual" se refiere a la insistencia o a la apetencia sexual, no es más que una lectura prejuiciosa y machista de la cuestión. Un señor (o una señorita... o un lobo marino) excitados no son acosadores sexuales.

Clarín[88] recoge la

> conclusión de científicos de EEUU y Canadá según los cuales los tiburones blancos atacan como si fueran asesinos seriales y esa extraordinaria similitud provendría de que el tiburón así como un criminal, tiene que situarse lo bastante cerca para observar y seguir el rastro a sus víctimas –detalló Hammerschlag, coautor del informe–. También necesitan estar a suficiente distancia para que la víctima no pueda seguir el rastro al depredador".

Claro, imagine usted querido lector, que un tiburón que se encontrara a varios kilómetros de su presa, nunca la alcanzaría... como le ocurre a cualquier animal cazador. Por suerte, el artículo concluye salvando un pequeño detalle: "Los tiburones difieren de los asesinos en serie en que *suelen cazar para sobrevivir*". ¿Y de dónde viene entonces lo de "asesino serial" como no sea del hecho de que un pez pequeño lo dejaría con hambre?

Algo más amable, aunque en la misma línea, señala *Clarín*[89] acerca de los gatos que manipularían a sus due-

---

[88]   "Los tiburones blancos atacan como si fueran asesinos seriales", *Clarín*, 15 de julio de 2009.

[89]   "Los gatos utilizarían el ronroneo para manipular", *Clarín*, 27 de julio de 2009.

ños con "sutiles técnicas de ronroneo que juegan con la psicología de sus amos para poder conseguir sus objetivos".

Página 12[90] comenta trabajos del experto en ecología Daniel Blumstein para librarse de la amenaza de ciertos animales para con sus predadores encabezando el artículo como "el problema de la 'seguridad' desde el punto de vista de la biología". Aunque se aclara que Blumstein no es un sociobiólogo, también se indica que su objetivo es "abstraer conceptos obtenidos de la observación y el análisis de otras especies para aplicarlos", según sus propias palabras, "para manejar amenazas terroristas, tratar con insurgencias, tanto como para el control de los actuales desafíos en bioseguridad". Para ello toma ejemplos (ideológicamente antropomorfizados) que deberían tener en cuenta los humanos: serpientes de cascabel que desisten de atacar ardillas que las han detectado reforzarían la idea de que la vigilancia (mediante cámaras o algo similar) resulta un método idóneo; marmotas conservadoras que, ante la duda, sobreestiman el riesgo; "especies que descartan las alarmas dadas por individuos considerados no confiables" y también "comunidades (de animales) donde se concede el beneficio de la duda a los individuos confiables que alguna vez cometen un error aislado"; peces que "sólo huyen de predadores que están cazando y tienen la habilidad de constatar si su potencial atacante está en actitud de caza o no, porque la acción de huir de un predador que no está en actitud de caza (o sea, que no representa un peligro inmediato) es demasiado costosa y poco productiva" y por lo tanto "reducen la incertidumbre". Sólo algunos comentarios: como se habrá observado, se trata sólo de análisis de algunas estrategias de supervivencia de algunas especies a la luz de conductas humanas consideradas habituales y, huelga decirlo, las estrategias de supervivencia son casi

---

[90]   "El hombre, lobo del hombre", *Clarín*, 11 de abril de 2009.

infinitas, de modo tal que por cada ejemplo dado pueden encontrarse muchos ejemplos de especies que operan de una manera completamente distinta; de modo tal que ¿cuál sería la utilidad de encontrar símiles forzados en la naturaleza, para conductas humanas que, supuestamente, ya se conocen?. Y ¿cuál sería el nivel de legitimación que esa antropomorfización/zoologización provee para los objetivos propuestos a no ser éstos desvaríos epistemológicos?

Clarín[91] comenta un trabajo en el cual, supuestamente, los monos pueden convertirse en adictos al trabajo en relación con la recompensa y, sin ningún empacho, señala que "la ética *laboral* mostrada por los monos rhesus se asemeja a la de los humanos". Y no faltan expresiones como: "un pedacito de ADN (...) se inyectó en una zona cerebral". Ya de por sí es más que objetable que el patrón de comportamiento humano acerca del trabajo esté tan atado a unas recompensas elementales, que la mera obtención de comida sea la base del comportamiento humano en el trabajo, pero sobre todas las cosas parece algo exagerado que haya una "ética laboral" de los monos rhesus.

Como un homenaje al día del animal, *Clarín*[92] nos revela en clave romántico-cientificista que "Los animales comparten con los humanos *cada vez más* conductas". A una primera lectura, el título parece alertar sobre una avanzada zoológica en pos de imitar a los humanos o quizá algo peor. Pero en realidad el artículo es una recopilación de algunos trabajos como los que venimos comentando y asume sin dudar que "muchas investigaciones recientes han concluido que los animales tienen comportamientos similares a los de los hombres: hay hormigas corruptas,

---

[91] "Con la supresión de un gen, convierten a monos en adictos al trabajo", *Clarín*, 13 de agosto de 2004.
[92] "Los animales comparten con los humanos cada vez más conductas", *Clarín*, 28 de abril de 2008.

pulpos celosos, cisnes infieles, *perros que caminan en dos patas* (sic), macacos que pagan por sexo". Como broche del artículo se transcribe una esclarecedora comparación entre perros y humanos de Claudio Gerzovich Lis (veterinario argentino "que se especializó en secretos del comportamiento de perros y gatos"). Dice:

> Los perros viven en grupos sociales y los humanos también. Los humanos alcanzamos la madurez sexual antes que la madurez social; a los perros les pasa lo mismo. Los humanos jugamos toda la vida; los perros también. Los hijos de humanos requieren cuidados de sus familiares; los cachorros también. Los perros son territoriales; los humanos también. Ambos somos omnívoros, y jerárquicos.

Más allá de que muchas de las afirmaciones sean muy discutibles, estas características son compartidas con muchísimos otros mamíferos, de modo tal que ¿cuál sería el sentido de la comparación? Quizá los científicos han probado que efectivamente el "perro es el mejor amigo del hombre". *Clarín*[93] afirma que los camaleones mueren por "exceso de sexo" y que los científicos "no podían creer que este singular animal viviera tan poco y sólo para eso: para copular", lo cual, en sí mismo, no tiene nada de malo (me refiero tanto a las costumbres de los camaleones como a la perplejidad de los científicos). Se señala que la muerte "temprana" (¿comparada con qué, con un camaleón ideal, con la expectativa psicológica de los camaleones por vivir más?) de esos bichitos llega "incluso *sin llegar a conocer a sus hijos*". Esto tampoco tiene nada de malo, sobre todo si se tiene en cuenta que eso le ocurre a los individuos de la casi totalidad de las especies y que, sobre todo, esos hijos no sufren por esa causa.

---

[93]   "Afirman que un camaleón muere por 'exceso de sexo'", *Clarín*, 3 de julio de 2008.

Capítulo 2
Correlaciones caprichosas, investigaciones inútiles y chauvinismo científico

1. Correlaciones caprichosas

El PC suele reproducir o cometer errores epistemológicos básicos y, algunas veces, burdos. Casos bastante comunes, en parte deudores de la costumbre de poner títulos que no reflejan el contenido, consisten en establecer correlaciones de todo tipo como si fueran relaciones causales.

La correlación (a veces también denominada "correlación positiva") es una relación o una vinculación que puede establecerse entre dos o más objetos, acontecimientos o variables cualesquiera, sin que ello implique una relación de causa-efecto entre ellos. La relación de causalidad (con todo lo problemática que resulta esta noción) implica la de correlación, pero no a la inversa. La correlación es una comparación empírica, cuya intensidad puede medirse de manera estadística por la frecuencia con que aparecen los factores considerados. Puede ser de lo más caprichosa, por ejemplo considerar los días soleados por un lado y el consumo de medialunas en el desayuno, o el color de pelo de una población X con los terremotos del Pacífico, etc. En los casos absurdos como éstos resulta claro que, aunque una relación causal no estaría excluida (quizá, después de todo, los días soleados provoquen alguna reacción fisicoquímica en nuestro cerebro que nos compela a comer medialunas por la mañana o los terremotos movilicen alguna instancia psíquica oculta que haga que la gente se tiña el pelo), los hechos considerados, razonablemente y a la luz del conocimiento disponible, no están causalmente vinculados. Si existiera tal vinculación causal, debería ser probada. Pero en otros casos menos caprichosos puede confundirse una correlación con una relación causal. Buena parte de los trabajos científicos que aparecen en el PC suelen ser de este tipo: se miden dos elementos, características o factores, se cuantifica y de allí se sacan conclusiones de tipo causal.

Clarín[94] nos anuncia que "el hecho de tener un gato disminuye el riesgo de morir de un infarto". Entre quienes no tienen gato ese riesgo sería un 40% mayor "según un estudio presentado en Nueva Orleans durante la Conferencia Internacional de Derrames Cerebrales de la Asociación Norteamericana de Accidentes Cerebrovasculares". Dos comentarios del artículo llaman la atención: que "los perros no fueron tenidos en cuenta para estos hallazgos *porque había pocos que los tuvieran entre los participantes de este estudio*"; y que el director ejecutivo del Instituto de Accidentes Cerebrovasculares de Minnesota, Adnan Qureshi, haya dicho que "la gran pregunta es si esto es *el efecto directo de tener un gato o es una variable de la gente que los tiene*". A lo cual sigue:

> No hay pruebas suficientes como para recomendar que todo el mundo tenga un gato como norma. Pero la otra cara es que *a diferencia de otras intervenciones médicas, que tienen un riesgo y un costo asociados, en este caso no hay ningún daño implícito.*

O sea, por las dudas tenga un gato, salvo que usted tenga un gato contra su voluntad y, en ese caso, no lo ayudará en nada para prevenir infartos. Otro claro ejemplo de estudio sobre correlaciones positivas conceptualmente cuestionables es el que aparece en *Clarín*.[95]

---

[94]   "Tener un gato como mascota reduciría el riesgo de infarto. En quienes no viven con estos animales aumentaría un 40% las probabilidades de morir por esa causa", *Clarín*, 4 de marzo de 2008.

[95]   "EEUU: afirman que aumentó la expectativa de vida entre los universitarios", *Clarín*, 11 de marzo de 2008.

Un estudio publicado por la revista estadounidense *Health Affairs* reveló que la expectativa de vida aumentó en ese país en las personas que cuentan con más de 12 años de educación, mientras que se mantiene sin cambios para quienes sólo terminaron la escuela secundaria. Científicos de la Escuela de Medicina de la Universidad de Harvard sostienen que la investigación confirma el aumento de la longevidad entre los estadounidenses en las últimas décadas, aunque manifestaron *su preocupación porque la tendencia no llega a todos los habitantes del país.*

Razonablemente uno podría pensar que la expectativa de vida está relacionada con la calidad de vida, entre cuyas variables se encuentran vivir en viviendas confortables lejos de zonas contaminadas, el acceso a la información sobre prevención de enfermedades, la buena alimentación desde la infancia, el acceso al sistema de salud y las posibilidades de estudiar en la universidad. Esto es casi una obviedad. Sin embargo, David Cutler, decano de estudios sociales de la Facultad de Artes y Ciencias de la Universidad de Harvard destacó:

la novedad del estudio, que centró su atención en la expectativa de vida en relación con el nivel de educación de la población. Hasta el momento, la variable que se tenía en cuenta en la mayoría de los casos era la situación socioeconómica.

Según parece, el sobrepeso –en general asociado a una vida sedentaria– implica una serie de cuestiones fisiológicas y anatómicas que, a mediano o largo plazo, pueden causar un deterioro particular en el organismo (hipertensión, enfermedades cardiacas y accidentes cerebrovasculares, etc.), lo cual suele acarrear también, en general, problemas de otra índole. Es decir, un cuadro relativamente complejo con consecuencias también complejas y heterogéneas.

Pero no es necesario complicarse tanto, según *Clarín*,[96] pues un estudio realizado en Kaiser Permanente Division of Research de Oakland, California, en el que se vincula "por primera vez la pancita de la mediana edad con el deterioro mental", asegura que "tener un abdomen prominente predispone a la locura".

2. Obviedades y descubrimientos inútiles

El complejo proceso de la ciencia moderna, históricamente hablando, ha tenido como uno de sus resultados más ostensibles el ensanchamiento de la frontera de la ciencia, incorporando nuevos objetos y áreas de estudio que en épocas anteriores resultaban incumbencias de la filosofía y de otros saberes o sencillamente campos completamente nuevos de abordaje de la realidad. El costado negativo de este proceso consistió en la exacerbación de este estilo expansionista, en ocasiones calificado como "cientificismo", y que consiste en la creencia reduccionista en que el discurso científico es el único válido y en que la ciencia vendría a resolver todos los problemas humanos. En la práctica institucionalizada de la ciencia, el resultado, en algunas ocasiones (las menos, por suerte), ha resultado en investigaciones inútiles y trivialidades, expresadas en una jerga afectada y vacua que, con suerte, provee de un nicho académico de supervivencia a sus autores, pero resulta de dudosa seriedad. El PC, que es lo que aquí interesa, presenta como descubrimientos una serie de obviedades, cuantificaciones completamente inútiles, alardes lingüísticos, pontificando sobre cuestiones triviales, temas resueltos en la vida diaria que pasan a la agenda científica, etc.

---

[96] "Aseguran que tener un abdomen prominente predispone a la locura", *Clarín*, 28 de marzo de 2008.

Clarín[97] anuncia con exactitud que "casarse con un fumador sube un 42% el riesgo de ataque cerebral". El artículo señala con buen criterio que ya se sabía que los adultos no fumadores que conviven con fumadores tienen más riesgo de contraer enfermedades relacionadas con el tabaco ya que conviven en espacios contaminados con humo. Pero, y he aquí la "novedad", se agrega un estudio realizado en la Escuela de Salud Pública de la Universidad de Harvard; una de cuyas integrantes señaló: "casarse con un fumador *aumenta en un 42%* el riesgo de padecer un ataque cerebrovascular para las personas que nunca fumaron". No se sabe si la novedad consiste en calibrar exactamente el porcentaje del riesgo o si el gran problema es casarse, en cuyo caso sería irrelevante (creo) el consumo de tabaco. Pero el revelador estudio, además, permitió saber que *"si una persona no fumadora se casa con un ex fumador su riesgo es similar a la que tiene como pareja a un no fumador"* (sic).

Otro de los grandes descubrimientos aparece en *Clarín*[98] al comentar una ponencia presentada en la Semana del Cerebro en España, según la cual "Los enamorados pierden los prejuicios y la capacidad de crítica sobre sus parejas". Hasta ahí no pasaría de una obviedad más. Pero a esa conclusión (señala la bajada del título) llegó una neurobióloga *"en base* (sic) a investigaciones hechas en ratones" que "al sentir amor '*apagan*' las zonas del cerebro que se encargan de los juicios" (nótese que entrecomillan la palabra "apagan" pero no "amor" o "juicios"... en ratones).

Por suerte para los amantes de los perros, científicos "europeos y estadounidenses" en la Universidad de

---

[97]   "Casarse con un fumador sube un 42% el riesgo de ataque cerebral", *Clarín*, 1 de agosto de 2008.
[98]   "Los enamorados pierden los prejuicios y la capacidad de crítica sobre sus parejas", *Clarín*, 25 de marzo de 2008.

Viena se ocupan de sus mascotas. *Clarín*[99] anuncia que han descubierto cosas increíbles como que "el perro decide imitar según el contexto en donde ocurre la acción (...) *Antes se creía que sólo los humanos eran capaces de este tipo de conducta*" y que los perros tienen una inteligencia "similar a la de un bebé de 14 meses". ¿En qué consiste tal similitud? Esclarecedoramente el artículo nos indica que "a los 14 meses, los bebés pueden imitar a los adultos". Y claro, con una prueba de tal complejidad, resulta obvia la conclusión de que los perros (adultos, creo) tienen una inteligencia similar a la de un bebé de 14 meses. Había que esperar este sesudo abordaje científico para saber que los perros son "muy inteligentes, emocionales y adaptables", según informó Marc Bekoff, un profesor emérito de la Universidad de Colorado y etólogo, experto en conducta animal. En otro estudio, en la Universidad de California, la veterinaria y etóloga Sophia Yin encontró que "no todos los ladridos de perros son iguales. Grabó a diez perros de distintas razas en tres situaciones: molestos, aislados y jugando. Descubrió que los ladridos cambian de tono y volumen según la situación". Por suerte la ciencia nos aporta este conocimiento... ¡que ya sabíamos!

Vivir tranquilo, en un ambiente agradable, rodeado de afectos y manteniendo un nivel de conflictos tolerable, sin grandes tragedias, hace a la calidad de vida. Esto, que mucha gente cree, es reforzado por sesudos trabajos científicos y así se asegura que un matrimonio feliz es bueno para la presión arterial,[100] según un estudio realizado sobre 204 personas casadas y 99 adultos solteros a quienes se les preguntaba sobre su vida y se les media la

---

[99]   "Prueban que los perros tienen la inteligencia de un bebé de 14 meses", *Clarín*, 11 de octubre de 2008.
[100] "Un estudio asegura que un matrimonio feliz es bueno para la presión arterial", *Clarín*, 21 de febrero de 2008.

presión a lo largo del día. Uno de los autores del trabajo en un alarde teórico señala: *"tiene sentido que la calidad de un matrimonio sea más importante que el mero hecho de estar casado a la hora de evaluar qué afecta la presión".* En la misma línea, un estudio del Departamento de Ciencias de Salud Pública del Instituto Karolinska de Estocolmo[101] relaciona infarto con calidad de jefe en el trabajo: *"si uno tiene un buen jefe o jefa tiene un 20% menos de riesgo, por lo menos, y si mantiene esa amable relación laboral durante cuatro años, el riesgo es de un 39% menos".*

Claro que si usted no ha podido lograr un trabajo con un buen jefe y, sobre todo un matrimonio/una pareja feliz, *La Nación*[102] le recomienda que siempre es mejor discutir que reprimir el enojo. Conozco mucha gente que piensa lo mismo, pero aquí es la ciencia la que lo dice mediante un experimento realizado por el profesor Ernest Harburg del Departamento de Psicología de la Universidad de Michigan, experimento que el periodista califica sin ningún pudor como "terminante":

> el profesor Ernest Harburg estudió durante 17 años los códigos de interacción de 192 parejas. La búsqueda se circunscribió a un dato puntual: cómo reaccionaba cada uno frente a una agresión verbal considerada injusta. La cuestión era si reprimía o no la ira. *Las conclusiones fueron terminantes*: en las parejas cuyos integrantes suprimían sistemáticamente los enojos, el índice de mortalidad temprana, principalmente por factores cardiovasculares, fue del 23%. Pero entre los miembros de parejas capaces de enfrentar el conflicto, consensuar diferencias y resolver las crisis, fue de sólo el 6%.

---

[101] "Con un jefe desconsiderado es más probable tener un infarto", *Clarín*, 26 de noviembre de 2008.
[102] "Para la salud, es mejor discutir con la pareja que reprimir el enojo. Contener la ira aumenta la mortalidad", *La Nación*, 17 de mayo de 2008.

El artículo resulta un compendio de autoayuda de sentido común aunque, claro está, con preceptos emitidos por científicos y profesionales que, como suele ocurrir, recomiendan hacer una cosa..., pero también lo contrario. Porque si el título anticipa que expresar la ira puede salvarlo a usted de una muerte prematura (con una probabilidad del 23%), al mismo tiempo le recomienda escuchar y dialogar amablemente por sobre todas las cosas. Por suerte los científicos se están ocupando de estas cosas y nos dan sabios consejos, como el de la Dra. Patricia Faur (de la Universidad Favaloro):

> Si bien la comunicación tiene que ser honesta y directa, sin ambigüedades, no tiene que lastimar. A veces, es eficaz acercarse al dolor del otro y tratar de entenderlo, en lugar de *utilizar el conocimiento sobre sus debilidades para golpear justo ahí, donde se sabe que más duele.*

En suma lo que los científicos descubrieron es que vivir en un buen clima emocional es mejor que lo contrario. También un equipo de "psicólogos de las universidades de Boston y Stanford"[103] habría descubierto los beneficios de la ira aunque no en la espontaneidad de los problemas y en las relaciones de la vida cotidiana, sino *para resolver más exitosamente videojuegos violentos*:

> Ayudados por varios videojuegos, observaron que cuando los participantes del estudio se exponían a algún juego violento, antes intentaban enojarse para poder obtener mejores resultados que el resto. (...)
> Usaron dos tipos de juegos bien distintos: "Soldier of Fortune" (hay que disparar y matar enemigos) y "Diner Dash" (guía a una camarera para que atienda a sus clientes).

---

[103]   "La ira no sería tan negativa: puede ayudar a resolver problemas", *Clarín*, 13 de abril de 2008.

Los psicólogos comprobaron que quienes se disponían a jugar al videojuego violento preferían enfadarse antes (escuchaban música que los enojara o recordaban situaciones que los hubieran irritado). Por el contrario, a los que se les dijo que iban a jugar en el otro video prefirieron hacer actividades más placenteras. Al comprobar estas actitudes de los participantes, los investigadores analizaron si un estado de ánimo acorde al objetivo del videojuego provocaba mejores resultados. Para eso, asignaron al azar a los que tenían un estado de ánimo más agresivo, a los pacíficos y a los neutrales a cualquiera de los videojuegos. Y los resultados no decepcionaron a los psicólogos. *Los participantes enojados obtuvieron en el videojuego violento mejores resultados que el resto, de forma que mataron a más enemigos.* Así, lograron su objetivo.

Pero el descubrimiento de trivialidades es, en muchos casos, como la piedra filosofal de los científicos. *La Nación*[104] publica una nota paradigmática al respecto, al comentar un estudio realizado por la Dra. Catriona Morrison, especialista en psicología cognitiva de la Universidad de Leeds y cuyos "resultados preliminares (...) se presentan en el *Festival* (sic) de la Asociación Británica de Ciencia". La Dra. Morrison señala que si bien la gente se ha dado cuenta desde hace mucho tiempo que la música puede ayudar a recordar eventos de sus vidas, "*ésta es la primera vez que existen datos concretos que lo muestran*" (sic). El complejísimo y elaborado experimento que permitió tener datos concretos consistió en que:

> Los investigadores invitaron al público a hacer un recuento de recuerdos relacionados con los Beatles. A los participantes se les pidió que pensaran en la primera cosa que les viniera a la mente, un momento vivido relacionado con un álbum en

---

[104] "Los Beatles para la memoria. Científicos investigan cómo la música puede ayudar a las personas a recordar momentos de sus vidas", *La Nación*, 9 de septiembre de 2008.

particular, una canción, una noticia o incluso un miembro de la banda. *Los investigadores constataron que los recuerdos revividos por la música casi siempre son positivos, que la gente evoca momentos particulares, con sonidos, olores e imágenes visuales.*

El Dr. Conway, que también participó en el *experimento*, políticamente correcto al fin, "explicó que lo interesante para él fue que *no hubo diferencias entre los hombres y mujeres* en términos de la emoción que sentían al evocar los recuerdos". La Dra. Morrison y su equipo nos ilustran científicamente con algunas afirmaciones contundentes:

> *Los recuerdos (autobiográficos) están formados por los episodios de nuestras vidas* [sic]. (...) la imposibilidad de recuperar un recuerdo se debía a que éste *no había quedado bien registrado desde el principio.*

Pero lo más maravilloso es el final que contradice lo que se venía diciendo, rescata el valor estratégico fundamental de la investigación y la relaciona con el futuro... Léalo usted mismo:

> *Aún no está claro* si ciertos tipos de música (o determinadas canciones) pueden servir para recordar mejor el pasado. Sin embargo, en un mundo donde la ONU pronostica que para 2010 una de cada cinco personas tendrá más de 60 años, y la *pérdida de la memoria probablemente represente un importante reto para la sociedad, es necesario efectuar una investigación más rigurosa del vínculo entre la música y la memoria,* concluyen los investigadores.

Por suerte en 2001 nos enteramos a través de *Clarín*[105] que "el sexo también es cultura", gracias a que algunos biólogos "*se animan a sostener un pensamiento indepen-*

---

[105]   "El sexo también es cultura", *Revista Ñ, Clarín*, 14 de enero de 2001.

diente (y polémico)" (sic). Hasta aquí sólo trivialidades y el señalamiento de que algunos biólogos (como la "doctora en biología Anne Fausto-Sterling, docente de la Universidad de Brown") son menos deterministas al aceptar que la conducta sexual no está sólo determinada por los genes. Sin embargo, la prueba que supuestamente amerita tal título se refiere a patologías o a casos raros y la conclusión obtenida resulta más biologicista aun. La Dra. Fausto-Sterling señaló:

> Hay al menos un dos por ciento de bebés que no pueden definirse biológicamente ni como masculinos ni como femeninos, incluso cuando el cuerpo del bebé parezca a simple vista una cosa u otra; *deberíamos estar abiertos para aceptar que los roles sexuales rígidos no están en la naturaleza.*

Era necesaria una investigación del Instituto de Psiquiatría de Londres[106] para que nos enterásemos de que los miedos van cambiando con los años. Un estudio con gemelos *"confirmó* que existe un componente genético en el miedo" porque los hermanos solían presentar temores a las mismas cosas ("la oscuridad, los relámpagos, las visitas al dentista, las arañas y las alturas"). Lo primero que surge es: ¿de dónde sale la confirmación de que esta similitud en los miedos tiene origen genético? Pero, según parece, la genética termina su influencia rápidamente, pues "los temores que sentían una vez convertidos en adultos no eran los mismos que ellos, o sus gemelos, habían sentido en su adolescencia". Por suerte este estudio fundamental permitió asegurar a los científicos que:

> los factores que llevan a miedos excesivos o fobias pueden cambiar con el tiempo, lo que quiere decir –allí estaría la

---

[106]   "Afirman que los miedos pueden cambiar con los años", *Clarín*, 13 de abril de 2008.

utilidad de este nuevo conocimiento– que *podrían tratarse de diferentes maneras de acuerdo a la edad.*

La personalidad humana es polifacética, compleja, multicausada y, en alguna medida, consistente. De modo tal que los patrones de gustos, actitudes, reacciones de cada persona guardan cierta relación entre sí. Sin embargo, en un artículo de *Clarín,*[107] en el que informa sobre un estudio de la "Universidad Heriot-Watt, de Edimburgo (Escocia)", se toma una correlación positiva como una relación causal.

El equipo de la universidad escocesa analizó 40 películas muy taquilleras estrenadas entre 1995 y 2005 y distribuyó luego entre varios cientos de personas cuestionarios sobre sus relaciones. Los psicólogos llegaron a la *conclusión de que los aficionados a las comedias románticas muchas veces no logran una comunicación eficaz con sus parejas.*

Las declaraciones de los psicólogos que llevaron adelante el estudio son realmente reveladoras:

Aunque la mayoría sabe que resulta poco realista esperar de una relación que sea perfecta, algunos siguen estando influidos por la forma en que el cine o la TV presentan esas relaciones (...) las películas reflejan la emoción que acompaña a una nueva relación, pero dan a entender equivocadamente que la entrega amorosa y la confianza se dan desde el mismo momento en que dos personas se conocen *cuando normalmente tardan años en desarrollarse.*

La Nación[108] recoge un artículo del Centro de Divulgación Científica, Facultad de Ciencias Exactas y Naturales de la Universidad de Buenos Aires, donde se

---

[107]   "¿Le hacen mal al amor las comedias románticas?", *Clarín,* 17 de diciembre de 2008.

[108]   "Identifican procesos neuronales que permiten evitar colisiones", *La Nación,* 13 de mayo de 2008.

comenta un trabajo del Ifibyne-Conicet, en la Facultad de Ciencias Exactas y Naturales de la UBA. El Dr. Tomsic habría estudiado los mecanismos neuronales que operan en los cangrejos para evitar colisiones (en verdad algún objeto peligroso que se acerca). No falta en el artículo la habitual prospectiva práctica de que tales descubrimientos servirían para producir autos más seguros que disparen mecanismos de seguridad antes de la colisión aunque, prudente, Tomsic señale "cuántos de esos datos vamos a poder extraer en el mediano plazo y trasladarlos no lo sé, pero esa información existe y está disponible, tenemos que ir por ella".

> La idea es diseñar sensores electrónicos capaces de detectar objetos (un vehículo, un animal o una persona) que se encuentren en la línea de desplazamiento del auto, anticipar una posible colisión y, de este modo, disparar mecanismos de protección, como la activación de los *airbags* o el ajuste de los cinturones de seguridad antes de que se produzca el choque.

Estimado lector: ¿usted se imagina circulando por cualquier calle de Buenos Aires a una distancia no mayor a un metro entre vehículo y vehículo y que sus *airbags* se disparen en una situación de riesgo de colisión anticipada? ¿Usted imagina que una respuesta automática como la del cangrejo le ayudará a evitar accidentes, sobre todo con sus *airbags* saliendo de sus compartimentos cuatro o cinco veces por día?

Una variante dentro de los artículos que venimos analizando, son aquéllos en los que se relatan descubrimientos, francamente, estúpidos. *Infobae*[109] relata que físicos de la alemana Universidad Técnica de Clausthal calcularon

---

[109] "Científicos calcularon la velocidad exacta a la que sale el corcho del champán", *Infobae*, 11 de diciembre de 2008.

"la velocidad exacta a la que sale el corcho del champán" que es, según ese estudio, de 40 km por hora. Dejaré pasar la obvia circunstancia de que los corchos suelen salir a velocidades distintas. Pero no solamente resulta estúpido un estudio semejante sino que peor aun son los consejos y las recomendaciones (que ya conocíamos gracias a la recurrente costumbre de los medios masivos de las notas de fin de año en los hospitales de quemados y oftalmológicos):

> La fuerte velocidad no da tiempo a ponerse en resguardo, previno un portavoz de la Universidad. Quien se encuentre a tiro no podrá agacharse a tiempo después de haber escuchado el sonoro y característico ruido del descorche, destacó. (...) *Este estudio permite alertar y prevenir los típicos problemas en los ojos que producen los destapes de botellas en las fiestas de Navidad y Año Nuevo.*

Imagino que usted, estimado lector, ahora que sabe la velocidad a la que sale el corcho de las "botellas de champán" (no se aclara si con la sidra ocurre lo mismo), retirará sus ojos de la línea de trayectoria del corcho.

Otra forma bastante corriente en que el PC difunde trabajos de científicos completamente irrelevantes o con groseros errores epistemológicos es refiriéndose a investigaciones sobre algún detalle menor obtenido de textos literarios (siempre antiguos) y habitualmente sobre metáforas de múltiples interpretaciones. Así, son muy frecuentes los trabajos sobre alguna anécdota bíblica o de textos clásicos. Veamos algunos. Según *Clarín*:[110]

> dos investigadores británicos descifraron el texto escrito en una tablilla asiria del año 700 a. C., que describe la caída de un asteroide. Y concluyeron que ese meteorito, que habría

---

[110]   "Científicos descifraron un antiguo texto cuneiforme. Creen que un asteroide caído hace 5000 años destruyó las ciudades de Sodoma y Gomorra", *Clarín*, 2 de abril de 2008.

caído sobre los Alpes hace más de 5000 años, provocó un cataclismo que coincide con el relato bíblico de la destrucción de Sodoma y Gomorra.

La tablilla en cuestión hablaría de "una bola blanca de piedra que se acerca" y que "avanza con mucha fuerza". Y concluyen que se habría tratado de un asteroide (hecho perfectamente posible) que cayó en Köfels, en los Alpes austríacos, que habría producido un deslizamiento de tierras, que habría cortado una montaña llamada Gaskogel, lo cual la habría hecho explotar y, al bajar hacia el valle, se habría convertido en una bola de fuego. Pero como no era sólido, no quedó cráter. Los investigadores "utilizaron un poderoso programa de computación para recrear el cielo nocturno de entonces, y precisaron que el avistaje ocurrió el 29 de junio del año 3123 a. C." Ahora bien, dejando de lado el hecho de que "Hempsell y Bond acaban de publicar un libro con su teoría" (que el artículo mismo aclara que no convence a los académicos), debe señalarse que los investigadores "se apuran en aclarar que el hallazgo no necesariamente demuestra la destrucción ni la existencia de Sodoma y Gomorra" y además "los geólogos han fechado el deslizamiento de Köfels hace unos 9000 años, mucho antes que el registro sumerio".

Algo similar ocurre con un artículo aparecido en *La Nación*,[111] pero aquí lo que se pone a la luz de la ciencia es *La Odisea*:

> dos científicos argentinos pueden haber encontrado pistas que ayuden a saldar *una de las discusiones que apasionan a los estudiosos de esos poemas fundacionales de la literatura occidental*: ¿es o no un eclipse total de Sol lo que describe un célebre pasaje del Canto XX de *La Odisea* (La profecía de

---

[111] "Hallan precisiones astronómicas en la poesía de Homero. *La Odisea, a la luz de la ciencia*", *La Nación*, 24 de junio de 2008.

Teoclímeno)? "Vuestras cabezas, vuestros rostros y vuestras rodillas están envueltas en la noche (..). Lleno está el vestíbulo y lleno el patio de espectros que descienden hacia las tinieblas del Erebo. El Sol ha desaparecido del cielo y una oscuridad nefasta lo cubre todo."

Bajo el supuesto de que este relato describe un eclipse, dos científicos argentinos reconstruyeron lo "mapas del cielo correspondientes a 50.000 noches de los 135 años que van del 1250 al 1115 a. C., (...) los 135 años que rodean la fecha estimada de la caída de Troya" y la conclusión es que el único eclipse total de Sol fue el 16 de abril de 1178 a. C. Los investigadores destacan en apoyo de su hipótesis que *"la exactitud (sic) de las descripciones de Homero es impresionante".* Aunque, claro, no explican de qué modo la tradición oral conservó esa exactitud entre el 1178 a. C. y el siglo VIII a. C. en que Homero, supuestamente, escribió su obra. En eso consistió poner *"La Odisea* a la luz de la ciencia".

Un clásico en este afán de hacer coincidir relatos antiguos con algún hallazgo es la repetida búsqueda (y repetido hallazgo) de los restos del Arca de Noé en el monte Ararat, en Turquía. El último aparece en un artículo de *La Nación*[112] y en este caso fue realizado por el documentalista chino Yang Ving Cing, "miembro de una organización internacional dedicada a la búsqueda de la mítica embarcación". No entraré en la discusión sobre el carácter altamente improbable de tal episodio ni sobre los detalles inverosímiles del relato bíblico, pero vale la pena destacar que Ving Cing sostuvo que no está "100% seguro de que sea el Arca, pero sí pensamos que lo es al 99,9%" e incluso que "la estructura del barco tiene muchos compartimentos y eso señala que pueden ser los espacios en los que se ubicaron

---

[112]   "Aseguran haber hallado la mítica Arca de Noé en Turquía", *La Nación*, 27 de abril de 2010.

los animales". El artículo también nos sorprende afirmando que en Hong Kong, el año pasado, "se inauguró la mayor *réplica* del Arca de Noé del mundo" (sic) y que se exhibió "un pedazo de madera petrificada de unos 5000 años de antigüedad" que según aseguran perteneció al Arca. Una réplica de un barco nunca hallado y un pedazo de madera petrificada...

Pero un trabajo (y el consecuente artículo)[113] francamente estúpido –que de eso trata esta sección– fue realizado por un estudiante de la Universidad de Tel Aviv, quien creó un programa "capaz de determinar qué mujeres son bellas a partir de una fotografía de su rostro". Claro, no alcanzaba con la foto, sino que había que someterla a un programa de computación. Pletórico, el investigador destaca que "los juicios estéticos están unidos a sentimientos, a consideraciones abstractas, *pero ahora hemos conseguido que un ordenador los haga*". La máquina aprendió a detectar belleza a partir "de la valoración que *treinta participantes*" (sí, 30 participantes) han hecho de decenas de fotos, que después fueron matemáticamente analizadas. Pero, estimado lector, lea las impactantes conclusiones del análisis de fotos que realizó la computadora según los patrones previamente programados: "El ordenador produjo *resultados impresionantes: la clasificación fue muy similar a la que habían dado las personas*". ¿Quiere algo más estúpido aun?: "*hasta ahora, el software se desarrolló sólo para determinar la belleza de mujeres puesto que no hay unanimidad sobre las mejores cualidades que determinan el atractivo masculino*".

La belleza siempre es una obsesión, incluso para los psicólogos evolucionistas, quienes, según *Clarín*,[114] ase-

---

[113] "Crean un programa para PC que puede juzgar la belleza de las mujeres", *Clarín*, 22 de marzo de 2008.

[114] "El secreto del *sex appeal* estaría en la simetría de los cuerpos", *Clarín*, 21 de agosto de 2008.

guran que la clave estaría en las proporciones armónicas.
Sin ningún pudor señala que hasta ahora "la ciencia había
encontrado pruebas *universales* que indicaban que, en
distintas culturas, el cerebro humano considera más atrac-
tivos a los rostros simétricos". Sin embargo, los científicos
(británicos en este caso) no descansan y ahora también
"extendieron el estudio a las medidas corporales y concluyeron que el cerebro también prefiere cuerpos simétricos". La
explicación es el mismo caballito de batalla adaptacionista
de que un cuerpo "armónico" es "un índice inconsciente
de un cuerpo más sano. Y un cuerpo sano se traduce en
un mayor potencial reproductivo, en una mejor calidad
genética y en una mayor capacidad competitiva frente a
otros". No discutiré esto, sino algo que llama más la atención.

El equipo de psicología evolutiva de la Universidad de
Brunel, del Reino Unido, mostró imágenes tridimensionales
de "40 varones y 37 mujeres" a un grupo de 87 jóvenes (sí, 87,
que seguramente serían de la misma ciudad y es probable
que de la misma universidad) para que las evaluaran. Luego
"*midieron, con exactitud milimétrica* [científicos rigurosos
al fin], cuello, hombros, pechos, bíceps, tobillos, muslos y
rodillas y eliminaron el color de pelo y de piel para que los
prejuicios [científicos neutrales y políticamente correctos]
no afectaran las respuestas". La conclusión fue "que quienes
tienen cuerpos simétricos tienen más *sex appeal*". El artículo, además y como ejemplo de investigación periodística
sobre el estado de la cuestión, revela que "el año pasado,
la universidad polaca de Gdansk ya había causado revuelo
cuando propuso un 'índice de belleza' que indicaba que
las mujeres más atractivas tienen *15 milímetros de tejido
adiposo en las pantorrillas y el resto, 18*. Ellas miden 1.75
metros. Ellos, 1.80". No es necesario destacar el prejuicio
ya no etnocéntrico de esto, sino, yo diría, "barriocéntrico".
Antropólogos abstenerse.

Y no podía faltar la opinión de un científico argentino (investigador del CONICET) quien realmente nos revela un mundo nuevo:

> El *sex appeal* incluye el atractivo físico pero también cuestiones culturales y sociales que varían: por ejemplo, en el siglo XVII un gordito era atractivo porque era sinónimo de que tenía dinero para comer. Hoy, en cambio, es visto como alguien poco saludable.

No discutiré la pobreza del ejemplo ni abundaré en el argumento según el cual la belleza para los humanos tiene patrones universales tanto en el mundo actual como históricamente hablando, pero llamaré la atención sobre el hecho de que el mismo investigador, a renglón seguido, insiste con la existencia de patrones universales. En el renglón siguiente señala que "en el hombre, la mandíbula y el torso ancho y en la mujer, los labios gruesos y los ojos grandes, son señales inconscientes de capacidad reproductiva" y la fundamentación de esta apreciación es realmente contundente: "*No es casual que ellas se pinten los labios y ojos para resaltarlos*".

Pero la ciencia no da respiro. Poco tiempo después, también *Clarín*,[115] nos revela que investigadores de la Universidad de Rochester, New York, EEUU, "descubren por qué atraen tanto las chicas vestidas al rojo vivo". La experiencia fue realmente rigurosa: "se les mostraron fotos de mujeres con cuadros con marcos de distintos colores a distintos hombres, y con preguntas del tipo: '¿Qué tan bonita piensa que es esta persona?'" Claro que tuvieron especial cuidado en que los colores cromáticos tuvieran los mismos niveles de saturación y brillo, "para que la única diferencia fuera el tono". La pregunta era:

---

[115]   "Descubren por qué atraen tanto las chicas vestidas al rojo vivo", *Clarín*, 8 de noviembre de 2008.

Imagine que va a tener una cita con estas personas y tiene 100 dólares en su billetera. "*¿Cuánto dinero habría de gastar en esa cita?*", preguntaron, mostrando dos fotos, la misma chica, la misma foto, pero en una vestida de rojo y en otra, de azul. (...) En todos los casos, las mujeres de rojo, o en cuadros con marcos de ese color, resultaron notablemente más atractivas que con otro color. Y, *de rojo, resultó más probable que recibiera una invitación que si estuviera vestida con otra tonalidad.*

Los autores del trabajo, Andrew Elliot y Daniela Niesta, señalaron que "nuestras conclusiones confirman lo que muchas mujeres han sospechado largamente: *que los hombres actúan como los animales en el sexo*" (sic). Y esta comparación se fundamenta en que las hembras de "mandril y chimpancé se enrojecen de manera visible cuando se acerca la ovulación". De esa manera, "envían una clara señal sexual *diseñada* [nótese la metáfora religiosa] para atraer a los machos". Una conclusión contundente e inequívoca: si usted no reúne los requisitos de armonía y simetría del artículo anterior, entonces, mucho rojo en su ropa, al menos.

Aunque, poco tiempo antes, *Clarín*[116] nos revelaba que el macho humano "suele confundir las señales de interés sexual y amistad más que las mujeres". No sé si esto es así, pero lo que llama la atención es el experimento. Se les mostraron 280 fotografías (sí, fotografías) de mujeres y se les pidió que las categorizaran como "amigables, interesadas sexualmente, tristes o nada receptivas". El estudio mostró que "los varones demostraron tener un rendimiento peor que las chicas en materia de precisión". Las fotografías ya

---

[116] "Según un estudio de una Universidad de EEUU, ellas son más hábiles para interpretar el lenguaje corporal. Los hombres suelen confundir las señales de interés sexual y amistad más que las mujeres", *Clarín*, 2 de abril de 2008.

habían sido clasificadas en esas cuatro categorías aunque no se explica cómo fue que se llegó a ese veredicto. Y no digo que no se pueda, pero justamente el mismo artículo recoge la opinión de la psicóloga y sexóloga Diana Resnicoff: "En realidad es muy difícil decodificar las señas si previamente no hubo palabras. El gesto no es algo obvio ni que tenga significado universal". Estas sensatas palabras contrastan con la burda opinión machista de la escritora feminista Kathy Lette: "es una prueba más de la superioridad de las mujeres".

Pero a veces uno se desconcierta, porque unos meses antes *La Nación*[117] había publicado que "Lynda Boothroyd, de la Universidad de Durham, Gran Bretaña, y sus colegas publicaron un estudio que muestra que la mayor parte de los hombres y las mujeres *con sólo mirar una fotografía* de su rostro pueden juzgar correctamente si una persona será buena candidata para una relación duradera o simplemente para un escarceo". Es decir no sólo una foto podría decir acerca de las intenciones del momento en que fue obtenida sino también sobre las expectativas futuras y los planes de vida de la persona. El trabajo de Boothroyd "demostró":

> que los hombres que eran descriptos como más "masculinos" y las mujeres consideradas más "atractivas" *tendían a ser percibidos como más propensos al sexo casual, y a serlo en la realidad*. Este sorprendente talento para leer correctamente las actitudes sexuales de la gente *tiene un beneficio obvio*: permite *que nos acerquemos a personas que desean el mismo tipo de relaciones que uno.*

No me meteré con el prejuicio "machocéntrico" que sobrevuela todo el artículo, consistente en creer que la "liberación sexual" consiste en tener varias parejas o ser

---

[117]   "La liberación sexual, a la luz de la ciencia", *La Nación*, 14 de diciembre de 2008.

infiel, y no, por ejemplo, en gozar más y mejor la sexualidad. Pero, según parece, los problemas de las relaciones humanas desde tiempo inmemorial tienen ahora (claro, fotografías hay desde hace sólo ciento cincuenta años) una solución, fácil, práctica y barata.

Además de respuestas estúpidas, el periodismo científico también se mete con preguntas estúpidas o sin sentido. Así el 15 de julio de 2010 y días subsiguientes varios sitios web y periódicos levantaron una noticia titulada: "Científicos resolvieron qué fue primero: ¿El huevo o la gallina?". Señalan que "científicos de las universidades de Sheffield y Warwick descubrieron la clave del famoso embrollo que se ha convertido en un acertijo para generaciones: ¿El huevo o la gallina? ¿Qué existió primero?". Para los viejos fijistas y creacionistas la respuesta era que dios había creado a los animales y las plantas tal como son ahora, de modo que para ellos primero fue la gallina. Luego de la teoría de la evolución de Darwin simplemente es una pregunta sin sentido. Pero, más allá de esto, lo que causa algo de vergüenza ajena es la explicación: "El huevo se forma gracias a una proteína que es clave para su generación y esa sustancia es generada por la gallina, por lo que ésta debió existir primero para producir el primer huevo. Dicha proteína había sido descubierta con anterioridad en los ovarios del ave, pero no fue hasta ahora que los ingleses comprendieron su real trascendencia". Y, para completar, el breve artículo resalta el carácter revolucionario del descubrimiento ya que echa por tierra "una teoría previa que concluyó lo contrario. En esa oportunidad, en el 2006, *un filósofo, un avicultor y un científico* (sic) explicaron que el material genético no se transforma durante la vida animal, por lo que el ave habría existido primero como embrión".

En épocas donde los avisos de agua mineral cometen todo tipo de tropelías conceptuales como por ejemplo indicarnos que el agua nos da energías o que dado que el cuerpo humano, según se dice, es un 70% de agua, es necesario tomar bidones diarios de la misma sustancia (mineral y de determinada marca, eso sí), *Clarín*[118] revela algo aterrador (para las empresas de agua mineral, claro está): "Prueban que beber mucha agua no es tan beneficioso". Investigadores de Universidad de Pensilvania en Filadelfia (EEUU) "revisaron estudios sobre los efectos provechosos de beber ocho vasos de agua por día, y llegaron a la conclusión de que gran parte de sus supuestos beneficios no están respaldados por evidencias sólidas".

La agencia de noticias EFE[119] publicó un artículo según el cual un experimento con bebés dio como resultado que "los bebés franceses tendieron a llorar en un tono ascendente, mientras que los alemanes lo hicieron en un tono descendente, unas diferencias características entre los dos idiomas, explicó Wermke" (de la universidad alemana de Würzburg). Lo curioso no sería eso, sino el llamativo título de la nota: "Los bebés lloran en su idioma materno".

Pero acerca del idioma en los bebés hay más. *Clarín*[120] revela categóricamente por qué "las primeras palabras son 'mamá' y 'papá'". El artículo se refiere a un trabajo en el cual un equipo de científicos del Laboratorio del Lenguaje de la Escuela de Estudios Avanzados de Trieste, en Italia, dirigido por el Dr. Jacques Mehler, sometió a unos bebés a un estudio de resonancia magnética al hacerles escuchar distintos sonidos. Según se dice, cuando esos sonidos consisten en sílabas repetidas, se detecta actividad cerebral en una zona determinada. Sólo diré dos cosas acerca del título del artículo: la primera palabra de mi hijo menor

---

[118]   "Prueban que beber mucha agua no es tan beneficioso", *Clarín*, 5 de abril de 2008.
[119]   "Los bebés lloran en su idioma materno, según un estudio", Agencia EFE, 11 de noviembre de 2009.
[120]   "Revelan por qué las primeras palabras son 'mamá' y 'papá'", *Clarín*, 3 de septiembre de 2008.

fue "zapato" (no dicha muy claramente, pero "zapato" era la palabra), lo cual no es demasiado importante; pero además, veamos una lista –no exhaustiva– de palabras que significan mamá en distintos idiomas en algunos de los cuales se repiten sílabas y en muchos otros no: inglés: *mother/mum*; francés: *la mère/maman*; portugués: *a mãe*; alemán: *die Mütter*; holandés: *moeder*; sueco/noruego: *mor*; hindi/urdu/guyerati/bengali: *ma, madhar*; albanés: *nënë* (aunque también existen: *mami, mama*); gallego: *nai* (aunque en este caso era originalmente con "m"); turco: *anne/ana*; vasco: *ama*; árabe: *umm*; húngaro: *énya*; finlandés: *äiti/äitio*.

El campo de las investigaciones inútiles (o al menos, las aparentemente inútiles) está institucionalizado. Todos los años se realiza una parodia de los premios Nobel, organizada por la revista de humor (científico) *Annals of Improbable Research* con el apoyo de otras instituciones como The Harvard Computer Society o The Harvard-Radcliffe Society of Physics Students. Se premian investigaciones que pueden provocar risas, pero que "después hacen pensar". El premio se estableció como homenaje a Ignacious Nobel, el ficticio inventor de la soda pop. En inglés se juega con el significado del nombre del homenajeado y con la palabra "innoble" y se lo denomina "IgNobel". También se lo conoce como "Anti-Nobel". En 2007, por poner un par de ejemplos, Juan Manuel Toro recibió un premio por haber descubierto que las ratas no pueden notar la diferencia entre una persona hablando japonés y otra hablando alemán al revés; el Anti-Nobel de Física se otorgó por un estudio sobre "Cómo se arrugan las sábanas". Por supuesto esos premios otorgan cierta presencia mediática a los ganadores. Ese mismo año los diarios argentinos[121] celebraron, sin siquiera una

---

[121]   Entre otros, véase: "Ganó Anti-Nobel: descubrió efecto del Viagra en aviones", *Perfil*, 4 de octubre de 2007; "El 'Antinobel', por primera vez

pizca de crítica, el gran logro de Diego Golombek de la Universidad de Quilmes quien había investigado los efectos del sildenafil (viagra) en ratones para anular el *jetlag* (efecto de los largos viajes en avión). Lo más interesante es que se planteó como si realmente fuera un logro serio de un científico argentino, contribuyendo una vez más a ese chauvinismo acrítico tan común. Más allá de ello, lo que ningún medio destacó es que esas investigaciones, los consecuentes viajes y sus derivaciones se subsidian con dinero público.

Para finalizar esta sección, *Clarín*[122] publica un descubrimiento histórico antropológico sobre el sistema aritmético de los aztecas. El artículo termina así:

> "Este trabajo revela algunos de los *misterios* de los cálculos de los aztecas. Muestra, por ejemplo, que *los cálculos con fracciones indígenas eran similares a nuestra forma moderna de convertir minutos en horas, o pulgadas en pies"*, señalaron los científicos en su estudio.

Y si se trata de calcular fracciones iguales de un entero, ¿cómo esperaban que fuera?

3. Felicidad, delito, infidelidad e inteligencia según los economistas

Desde hace milenios fue desvelo de filósofos, intelectuales y gente común explicar la felicidad y obtenerla, no sólo como estado personal, sino también como tema político y ético. Cuando todo parecía indicar que había que conformarse con aceptar que resultaba inasible

---

para tres argentinos", *Clarín*, 5 de octubre de 2007.
[122] "Los aztecas crearon su propio sistema aritmético", *Clarín*, 5 de abril de 2008.

proporcionalmente a su búsqueda afanosa, indefinible, frágil y momentánea, no sólo aparecieron en las últimas décadas toneladas de penosos libros de autoayuda que inundaron las librerías, sino que también han aparecido los científicos.

La Nación,[123] recoge trabajos de Sonja Lyubomirsky, de la Universidad de Stanford, quien con inusitada impunidad y arrogancia señala que "los estudios muestran que la felicidad se correlaciona con beneficios tangibles en muchos ámbitos de la vida". Luego de enumerar una serie de lugares comunes sobre lo que opina la gente acerca de la felicidad, el artículo presenta como resultados "antiintuitivos" lo que en realidad no es más que la debilidad ideológico/metodológica de estudios como éstos en los que simplemente se le pregunta a la gente lo que opina sobre conceptos complejos atravesados por prejuicios ideológicos y culturales y se espera una respuesta homogénea, clara y contundente (parte del estilo periodístico al fin). No obstante, aunque no desde la autocrítica hacia una metodología endeble, sino desde una posición ingenuamente cientificista, señala que no basta con lo que la gente responde sino que "hace falta *diseccionar a la felicidad más y mejor en el laboratorio*". La respuesta no se hace esperar y el artículo señala que "la explicación podría estar en los genes" y da por sentado, aceptado e instituido que:

> varios estudios con gemelos indican que *hay una especie de nivel permanente y personal de felicidad,* al que pasado un tiempo todo el mundo tiende a volver pase lo que pase, o casi. Un trabajo con 4000 parejas de gemelos sugirió que el sentimiento de bienestar con la propia vida es genético *en al menos un 50%*.

---

[123]   "El altruismo, gran fuente de satisfacción", *La Nación*, 3 de enero de 2009.

Otra vez el número (50%) que aparece mágicamente sin que nadie explique cómo obtienen esos porcentajes. Pero lo más maravilloso es la descripción de la experiencia que da título al artículo:

> Otro resultado antiintuitivo: *genera más felicidad* gastar dinero en los demás que en uno mismo. Lo *demostró* un trabajo de Elizabeth W. Dunn, de la Universidad British Columbia, en el que se daba dinero a voluntarios, se les instruía sobre cómo gastarlo y se *medía* después su grado de satisfacción personal.

El mismo día, *La Nación*[124] anuncia más pomposamente aun que "la ciencia también explica cómo ser feliz". Nótese el sutil corrimiento de significados en el título que sugiere que los científicos pueden proveer de mecanismos y formas de ser feliz, cuando en verdad debería haberse titulado más o menos así: "La ciencia describe lo que la gente piensa acerca de la felicidad". Y la cosa parece ser bastante seria porque:

> desde 2006 hasta ahora, la felicidad ha protagonizado más de 27.300 artículos científicos. Ahora hay un *Journal of Happiness Studies* incluido en el sistema de citas científicas, y una *World Database of Happiness*, o base de datos mundial, que recopila información al respecto.

Como quiera que sea, y más allá del desfasaje del título, resulta muy ilustrativo el contenido porque se trata de un comentario sobre el "Proyecto *hapiness*" que según se dice financiará la Unión Europea por tres años. Y como no podía ser de otra manera debe haber una macrojustificación para tamaña empresa: "*se sabe* (sic) que cada uno de nosotros

---

[124] "La ciencia también explica cómo ser feliz", *La Nación*, 3 de enero de 2009.

tiene una *felicidad basal*, dependiente de los propios genes pero no por ello marcada a fuego: *es posible manipularla".*

El sesgo del proyecto puede intuirse si se tiene en cuenta que la directora (Susana Ferreira, del University College en Dublín) es economista lo mismo que el resto de los investigadores. En el fondo, se asimila "felicidad" a satisfacción de individuos que consumen según pautas, ideologías y costumbres muy concretas y acotadas a sociedades determinadas; y el objetivo no es más que entender lo dado para actuar en consecuencia. Esto no tendría nada de malo en sí mismo si se presentara como una suerte de estudio de marketing o consultoría y no como un análisis de la felicidad sobre bases genéticas. Ferreira espera "que los resultados sean útiles para la toma de decisiones de la clase política y para el público en general" y, siguiendo la caracterización de la felicidad del premio Nobel de economía Daniel Kahneman, que:

> si la felicidad es el motor del comportamiento humano, habrá que saber cómo medirla. Las declaraciones directas de bienestar subjetivo podrían ser útiles a la hora de medir *las preferencias del consumidor* (...) si esto pudiera hacerse de modo creíble.

Nuevamente, la obsesión por la medida y el sujeto racional, abstracto y homogéneo. "¿Cómo se mide la felicidad?" se pregunta el periodista y da una respuesta que a él le parece obvia: "preguntando a los principales interesados". Y señala que las "prestigiosas encuestas del European Social Survey (ESS), que se hacen desde 2001, incluyen la pregunta: '¿Cómo es usted de feliz?'" Hay otras encuestas similares como el Eurobarómetro y sus equivalentes en otros continentes, o el World Values Survey (WVS), con datos de más de 50 países desde principios de los años ochenta. Es sorprendente el párrafo final para un diario que en los últimos tiempos ha construido acerca de la Argentina un imaginario completamente negativo:

> En su último informe, la World Values Survey (WVS) coloca a la Argentina dentro del grupo de países en los que claramente se ha observado un aumento del nivel de felicidad. Así, nuestro país comparte una misma tendencia positiva con otras naciones, como la India, Irlanda, México, Puerto Rico, Corea del Sur o Dinamarca. En el ranking de bienestar subjetivo (que la WVS elabora a partir de *una ecuación que pone en juego la felicidad y el nivel de satisfacción con la vida*), la Argentina se ubica en el puesto número 32, *muy por sobre el promedio de las 97 naciones evaluadas.*

La felicidad, en suma, parece haber pasado a ser objeto de economistas que aportan insumos a psicólogos y biólogos, como el estudio comentado por *Clarín*[125] publicado en una revista que edita la Clínica Mayo de los EEUU. No se explica en qué consistió el estudio realizado "por un grupo de economistas en EEUU y Reino Unido con más de dos millones de personas procedentes de 80 países" que asegura que un componente fundamental para alcanzar la felicidad es la edad, que se ubicaría entre "los 60 y los 70 años". Pero seguramente se ha tratado de una encuesta sobre percepción subjetiva, como suelen hacer todo el tiempo. Nótese entonces lo absurdo del título: "Una receta para ser feliz (…)". Se pasa de la descripción de un estado de cosas (no importa aquí que sea de dudosa credibilidad) a una prescripción. Para completar la batería de lugares comunes no podían faltar los números:

> las personas sanas son *hasta un 70% más felices*; *a lo que habría que sumar el peso de los genes*. "Numerosas investigaciones han *demostrado* (sic) que la genética *explicaría*

---

[125]   "Una receta para ser feliz: estar casado, tener 60 años y estudios", *Clarín*, 8 de enero de 2009.

hasta el 50% de las diferencias en el estado de bienestar y los rasgos positivos de personalidad", dice el boletín de la Clínica Mayo.

Pero aunque el aporte de los economistas (sobre todo los liberales/neoconservadores) ha traído resultados más que negativos para la vida de las mayorías de todo el mundo, lejos de revisar sus hipótesis, se ocupan de los más variados tópicos. En enero de 2009 las agencias de noticias[126] se hicieron eco de un estudio de la Universidad Northwestern de los EEUU en la cual algunos economistas señalan que la producción científica decae con el calor.[127] Ni el mismísimo Montesquieu habría imaginado semejante prueba cientificista a su hipótesis sobre la superioridad de los climas templados. Es curioso que en un estudio realizado por economistas no se relacione la producción científica con la economía, el desarrollo, las relaciones internacionales, la política, sino sólo con el clima. De modo tal que:

- los países pobres podrían sufrir "un impacto sustancialmente negativo con el futuro cambio climático" (en cuanto a producción científica);
- los países pobres produjeron menos trabajos científicos en los años de más calor. Un aumento de un grado Celsius se asoció con una caída de nueve por ciento en el número de trabajos publicados. Ello sugiere que las *"temperaturas más altas impiden la innovación y que a lo largo del tiempo esto podría ensanchar la brecha entre países ricos y pobres"*;
- "los países ricos no sufren de esta disminución correlacionada de la producción científica durante la estación calurosa *porque tienen más tecnologías para*

---

[126]   Véase http://www.scidev.net/es/science-and-innovation-policy/news/producci-n-cient-fica-decae-con-calor-dicen-econom.html

[127]   Véase "Correlaciones caprichosas" al principio de este mismo capítulo.

el control del clima, como el aire acondicionado, y
también debido a que los países ricos tienden a tener
temperaturas más frías".

Es justo reconocer que ante tanta insensatez y pobreza
teórica y metodológica, B. Jones, el autor del trabajo, añadió
que "es *difícil determinar si los efectos se deben a la pobreza*
o al calor" (sic).

La cuestión de la felicidad mezclada con las estadísticas lleva a consecuencias increíbles. *La Nación*[128] comenta
un trabajo realizado por los doctores James Fowler (de la
Universidad de California, en San Diego) y Nicholas A.
Christakis ("médico y científico social de la Escuela de
Medicina de Harvard") sobre el carácter contagioso de
la felicidad. El trabajo consistió en analizar "información
acerca de la felicidad de 4739 personas y sus conexiones
con otros miles de personas (esposos, familiares, amigos
cercanos, vecinos y relaciones laborales) entre 1983 y 2003".
Veamos las "conclusiones" de la investigación:

> *La felicidad del vecino de al lado aumenta nuestras posibi-*
> *lidades en un 34%, pero la de uno viviendo a una cuadra*
> *no tiene efecto. Un amigo que vivía a medio kilómetro de*
> *distancia ayudó un 42%, pero el efecto era casi la mitad para*
> *los amigos que estaban a 2 kilómetros.* "*Tiene que existir una*
> *proximidad física y temporal*"*, explica Christakis. (...) Sin em-*
> *bargo, aclara, no está claro si el aumento de comunicaciones*
> *vía e-mail e Internet puede eventualmente disminuir el efecto*
> *de la distancia.* Un estudio no relacionado de 1700 perfiles
> de Facebook encontró que *las personas que ponían una foto*
> *sonriente tenían más amigos de Facebook y en general éstos*
> *estaban sonriendo.* (...) Su estudio utilizó datos del Estudio
> Cardíaco de Framingham, que comenzó a seguir a personas
> de esa localidad después de la Segunda Guerra Mundial y,

---

[128]   "Afirman que la felicidad es contagiosa", *La Nación*, 13 de diciembre de
2008.

más tarde, a sus hijos y nietos. A partir de 1983, se les pedía que completasen periódicamente cuestionarios acerca de su estado de ánimo. También se dejó constancia del de los familiares, amigos cercanos y compañeros de trabajo, de esta manera los investigadores pudieron seguirlos a través del tiempo. Muchas de estas asociaciones fueron de participantes de Framingham, que también completaron sus propios formularios, lo que permitió a Christakis y a Fowler analizar alrededor de 50.000 lazos sociales. *Notaron que cuando alguien cambiaba de infeliz a feliz en las respuestas del informe, otras personas de su red social también lo hacían.*

Según *Clarín*[129] un estudio de la Universidad de Harvard demostró que "gastar más dinero en otros que en uno mismo provoca felicidad". Michael Norton, profesor de la Facultad de Administración de Empresas de Harvard aseguró que "nuestros resultados, y otros provenientes de distintos estudios, muestran que el hecho de ganar más dinero nos hace un poco más felices, pero que no ejerce un gran impacto sobre uno". Norton y sus colegas entrevistaron a:

632 norteamericanos sobre cuánto ganaban y cómo gastaban su dinero. Les pidieron también que *midieran* su nivel de felicidad. Independientemente de los niveles de ingreso, los que gastaban dinero en otros *admitieron ser más felices* que los que lo gastaban en sí mismos.

En un segundo estudio, el equipo de Norton

interrogó a *16* empleados de una empresa que estaban por recibir una bonificación que oscilaba entre los 3000 y los 8000 dólares. *El equipo interrogó a los empleados sobre su nivel de felicidad antes y después* de recibir el dinero y les preguntaron cómo lo habían gastado. El monto de la bonificación no

[129] "Gastar más dinero en otros que en uno mismo provoca felicidad", *Clarín*, 22 de marzo de 2008.

incidió en el nivel de felicidad que sentían. La cantidad, en cambio, *gastada en otros o donada a la caridad* sí demostró incidir en los *niveles* de felicidad de estos empleados.

En un mundo que parece marcado por el egoísmo (la conducta "correcta genéticamente" como se ha visto antes), estos otros científicos, sin embargo, encuentran que la genética nos hace propensos a dar. Un cable bastante difundido el 11 de diciembre de 2007 indica que un estudio de la Universidad Hebrea de Jerusalén determinó que la propensión a dar se encuentra relacionada con un gen a través de la siguiente experiencia realizada con 203 personas:

> A los encuestados se los ponía ante la alternativa de dar dinero o quedarse con él. Los especialistas comprobaron que el 50% de los más propensos a entregarlo tenían ciertas variantes del gen AVPR1. La importancia de ese gen radica en que le permite a la hormona arginina vasopresina (AVP) actuar sobre las células cerebrales. La AVP es determinante a la hora de establecer vínculos sociales y afectivos. Según la investigación el mayor altruismo de los participantes coincidía con que tenían la *sección promotora del gen más grande* (sic).

Pero también hay científicos –Miho Nagasawa y Takefumi Kikusui, de la Universidad de Azuba, en Japón– que quisieron averiguar por qué jugar con mascotas produce felicidad[130] y lo atribuyeron a una hormona, la oxitocina, que:

> disminuye el estrés, combate la depresión e influye en la construcción de la confianza entre las personas. Varios *estudios sobre ratas y ratones* probaron también la influencia de

---

[130] "Por qué jugar con nuestras mascotas produce felicidad", *La Nación*, 19 de enero de 2009.

la oxitocina en la formación de los *vínculos interpersonales y en la construcción de la memoria social.*

Para su experimento convocaron a 55 personas con sus mascotas para participar en una sesión de juegos en el laboratorio. Antes y después del ensayo, que consistió en dejarlos jugar libremente con sus perros, les midieron los niveles de oxitocina mediante un análisis de orina.

Luego, los investigadores le pidieron a otro grupo de participantes que se sentara en una habitación y tratara de evitar en todo momento el contacto visual con sus animales. Los biólogos grabaron las sesiones de ambos estudios, *midieron cuánto tiempo los perros habían mantenido la mirada en sus dueños* y, según los resultados, dividieron al grupo que había podido jugar con sus mascotas en *dos subgrupos: mirada de larga duración* (aproximadamente 2,5 minutos) y *mirada de corta duración* (menos de 45 segundos). Nagasawa y Kikusui descubrieron que el nivel de oxitocina en los participantes que habían pasado mayor tiempo haciendo contacto visual con sus mascotas era *20% más alto.* En cambio, los niveles de la hormona en quienes no habían podido mirar a sus mascotas fueron levemente más bajos que al inicio del estudio.

La oxitocina es la hormona estrella para estudios como el que realizó un equipo de la Universidad de Claremont (California) y que mostró que se puede aumentar el nivel de generosidad.[131] El experimento, como siempre, es "contundente":

En el nuevo estudio han participado 68 voluntarios –todos hombres, para evitar que los altibajos de la oxitocina a lo largo del ciclo menstrual pudieran alterar los resultados–, a la mitad de los cuales se administró la hormona en forma

---

[131]   "La hormona del enamoramiento es también la de la generosidad. La investigación mostró que el nivel de generosidad hacia otras personas puede aumentar hasta 80%", *Clarín,* 10 de enero de 2008.

de spray nasal, mientras la otra mitad recibió placebo. Para *medir* su generosidad, se les propusieron *dos juegos*. En uno, se daban diez dólares a la mitad de los participantes y se les pedía que los compartieran con otra persona. Si esta persona aceptaba la oferta, ambos se quedaban con el dinero. Pero si consideraba que la oferta era injusta y la rechazaba, se quedaban sin nada. El segundo juego era casi igual, con la diferencia de que el receptor no tenía opción de rechazar la oferta: debía aceptar lo que le daban. Los resultados muestran que, *cuando los voluntarios que habían inhalado oxitocina repartían el dinero, solían superar las expectativas de las personas que lo recibían.* Este efecto no se observó entre quienes *no habían inhalado* oxitocina, que se mostraron *más avaros.*

Pero lo más sorprendente es la cuantificación del aumento de la generosidad: exactamente un 80%. Quizá algunos de los problemas de la humanidad como por ejemplo el reparto inequitativo (genocida en algunos casos) de la riqueza, se resuelva vertiendo oxitocina en el agua corriente, por ejemplo.

En el mismo sentido, según *Clarín*,[132] una investigación de la Universidad de Yale, en los EEUU, asegura que la gente optimista vive "en promedio 7,6 años más". Según el estudio, los genes "que se conocen como '*buenos*' son fundamentales". Pero la exactitud va más allá de la cantidad de años, pues estas nuevas investigaciones "descubrieron que algunos de ellos son responsables nada más que del *25% de la prolongación de la vida".* No se explica en qué consistió el estudio pero, al estilo de los grupos de autoayuda o iglesias mediáticas, se cita el valiosísimo testimonio de un "dentista retirado de 79 años" acerca de cómo su carácter optimista le había permitido llegar a esa edad en buenas condiciones. Asimismo, los investigadores de Yale:

---

[132]   "Aseguran que la gente optimista vive en promedio 7,6 años más", *Clarín*, 4 de diciembre de 2006.

Vieron que había más muertes en el mes posterior a las vacaciones que en el previo. Según los autores de este estudio, esos hallazgos dejan entrever que la gente que tiene un proyecto para el futuro, como unas vacaciones o un evento especial, *desea permanecer viva para la ocasión.*

No falta el testimonio, porteñocentrista, irrelevante e impertinente, de "una argentina, profesora de la UBA": "Se piensa que los *argentinos* tenemos una idiosincrasia más bien pesimista, como nos pinta el *tango"*. Claro que a los argentinos (no a todos pero sí a muchos) también les gusta la chacarera, el chamamé, la cueca y otras músicas muy alegres.

También sobre cuestiones psicológicas y sociológicas los economistas parecen tener incumbencia y han descubierto que[133] los hermanos mayores reciben mayor atención que los menores. Efectivamente, según parece los padres dedican de "20 a 25 minutos más por día" a los primeros hijos. No se analizan las razones de esta diferencia ni, obviamente, se explicita el marco sociológico, y se universaliza la conclusión obtenida. Sin embargo, Sandra Black, economista de la Universidad de California, Los Ángeles, que realizó el estudio, da por descontado que ésta puede ser una "explicación creíble" para "descubrimientos que muestran que *los hijos mayores se sacan mejores notas en el colegio, estudian más y consiguen trabajos mejor pagos"* (sic). También Black señala que las razones de este (supuesto) éxito *"no fueron estudiadas".*

También el problema del delito es objeto de análisis de algunos economistas en una clave muy particular. En el suplemento económico de *Clarín*[134] un profesor de la Universidad Di Tella cae en todos los lugares comunes de

---

[133]   "Comprueban que los hermanos mayores reciben más atención", *Clarín*, 25 de marzo de 2008.
[134]   "La economía del delito", *Clarín*, 6 de febrero de 2000.

la prensa actual (generalmente falsos a la hora de revisar las estadísticas y los datos disponibles) acerca de la "inseguridad", de "la sensación de crisis", de que "el número y la magnitud de los delitos crecieron marcadamente", de que la delincuencia está asociada a la pobreza, etc. El artículo es un caso testigo de un reduccionismo economicista que no tiene en cuenta los aspectos sociológicos, antropológicos y psicológicos que entran en juego para explicar el delito y la violencia.

Dejando de lado la idea de extremar las penas, por un lado, y la teoría de que no hay nada que hacer porque finalmente la "exclusión social" es la raíz del problema, por otro lado propone un análisis desde la teoría macroeconómica (liberal). Sostiene que en el "mercado el individuo toma decisiones comparando los beneficios y los costos de cada alternativa". Claro está que como todo este análisis presupone un individuo racional que evalúa, excluye los "comportamientos irracionales", que según señala son "minoritarios", de modo tal que lo que postula es para la mayoría de los delitos. Básicamente propone que se aumenten "los costos esperados de cometer delitos" para que el delincuente desista porque el beneficio esperado es menor que el costo. Seguramente aquéllos que matan por nada, a partir de la implementación de este cálculo racional de la pena, dejarán de hacerlo...

Incluso la necesidad de mejorar las condiciones de vida, que uno espera se basen en la dignidad humana y los derechos, se plantea como necesidad para evitar delitos y es justificada de una manera curiosa: "quien posee un buen empleo con una alta remuneración sacrifica más al dedicarse al delito que quien está desocupado y marginado (...) su tiempo tiene un uso alternativo poco valioso". No explica qué modo propone para reducir los grandes delitos y las estafas económicas de gente con "buen empleo con una alta remuneración". Incluso la oposición a la pena de muerte es curiosa, porque, según señala "pueden reducir el número de delitos" (cosa que las estadísticas de los países en los que hay pena de muerte desmienten todo el tiempo) pero aumentaría "su nivel de violencia" para evitar ser encarcelado.

Pero los economistas (al menos algunos) no se detienen, como decíamos, en el ya de por sí amplio campo de sus incumbencias disciplinares, sino que también se ocupan del amor. Según *Clarín*[135] el amor no sólo sería peligroso sino que también estaría destinado al fracaso, y esto no sería sólo parte del "saber popular", sino que se trataría, ahora, de "las conclusiones de investigaciones elaboradas a partir de estudios matemáticos y de millones de historias clínicas" a través de "dos nuevos estudios". El primero proviene del Instituto Max Planck de Investigaciones Demográficas de Rosktock, Alemania, y consiste meramente en un análisis estadístico según el cual un hombre que sea:

> entre 7 y 9 años más viejo que su esposa tiene un porcentaje de mortalidad un 11% más bajo que el de un hombre cuya esposa sea de su misma edad. Pero la mujer que tenga entre 7 y 9 años más que su esposo tiene un índice de mortalidad un 20% más alto que si estuviera casada con un hombre de su misma edad.

Más allá del trabajo que da origen a este artículo, que probablemente se refiera a las expectativas de vida, lo que se desprende de lo dicho no se entiende: ¿qué significa tener un porcentaje de mortalidad más bajo? ¿Que se mueren un poco? ¿Que esos individuos mueren sólo en un 89% de su ser, mientras que los que tienen esposas de su misma edad mueren, ellos mismos como individuos, en la totalidad de su cuerpo? ¿Por qué el amor sería "peligroso"? En todo caso, ¿lo sería sólo para las mujeres? Como quiera

---

[135] "Dos estudios dicen que el amor sería peligroso y está destinado al fracaso", *Clarín*, 17 de mayo de 2010.

que sea, este sesudo estudio concluye que: "los motivos para las diferencias de mortalidad debidas a la brecha de edad entre los esposos no están claros por ahora". Claro, probablemente no tengan ninguna relación con su estado civil y con la edad del cónyuge.

El otro estudio, realizado por "José Manuel Rey, profesor de Análisis Económico de la Universidad de Madrid" tiene como conclusión que "el amor eterno es una tarea compleja y destinada a fracasar". No me meteré aquí sobre qué cosa sea el amor eterno, ni siquiera sobre la moralina filoreligiosa según la cual este científico habría encontrado "la justificación a la *aparente paradoja* de que una *unión planeada para durar por siempre* probablemente se romperá". Me interesa en cambio destacar aquí que la explicación estaría dada por la *"segunda ley de termodinámica"*. El investigador de marras no duda en utilizar una metáfora física, de manera completamente inconducente, liviana, errada científicamente..., francamente estúpida:

> Entrevistado por el diario español ABC, el investigador explicó que "en el mundo de la física, un recipiente que está caliente tiende a enfriarse de manera espontánea si nadie lo mantiene con calor; con las relaciones pasa lo mismo".

No obstante, parece que la mencionada ley de la termodinámica, sería eludible porque, continúa el científico como una suerte de consejero matrimonial:

> "cada pareja debe descubrir su patrón específico, que no es evidente". La dificultad radica en distinguir cuáles son las pequeñas acciones cotidianas que actúan como patrones para que cada pareja funcione. "Hay personas que lo consiguen, pero si preguntas a las parejas que llevan 40 años juntas y felices, seguro que no te dirán que ha sido gratis".

4. El chauvinismo científico

Uno de los tópicos presentes en el PC argentino (probablemente en otros lugares sea igual) es la participación de los científicos argentinos en algún resultado obtenido por algún equipo del extranjero, lo cual hace que el punto central de los artículos pase a ser el argentino que colaboró, por encima del trabajo realizado. Este chauvinismo científico adquiere variadas modalidades.

En ocasiones se trata de personajes que han cumplido una labor destacada o de dirección en las investigaciones, pero en otras se trata de simples ayudantes o becarios que están completando su formación. A veces se trata de un investigador en un grupo enorme. Por ejemplo *Clarín*[136] titula: "Un argentino participó en el hallazgo de nuevas señales de vida en Marte". El joven ingeniero Villanueva (de 30 años), que de él se trata, trabaja en el Goddard Space Flight Center de la NASA junto con alrededor de 10.000 personas, pero *Clarín* anuncia: "el estudio que hizo Villanueva con los otros especialistas de la agencia espacial...".

En estos festivales chauvinistas nunca faltan los lugares comunes, como por ejemplo tratar de mostrar (¿quién sabe a quién?, quizá al propio periodista) que los científicos *también son gente común y corriente*: "Es hincha fanático de Boca". En algún reportaje a otro medio los padres de Villanueva declararon que "extraña los fideos caseros". Tampoco faltan las biografías previsibles:[137] "cuando era

---

[136] "Un argentino participó en el hallazgo de nuevas señales de vida en Marte. Detectaron metano en su atmósfera, un gas que en la Tierra es producido por los seres vivos", *Clarín*, 16 de enero de 2009.

[137] Entre estos formatos de biografías previsibles e irrelevantes hay dos clásicos: el personaje en cuestión ya de pequeño mostraba inclinaciones a la tarea que lo llevó de grande al éxito o bien, por otro lado, el personaje en cuestión ya de pequeño mostraba esas inclinaciones pero nadie (a veces ese "nadie" incluye otro personaje ya exitoso en la misma tarea)

chico ya desarmaba afiladoras de cuchillos para sacarle el motor y armar robots. Ahora, juega en el equipo de la NASA que investiga las semejanzas de Marte con la Tierra". El más sensato, como no podía ser de otra manera, es el propio Villanueva, quien contradiciendo en parte el título pomposo del artículo y respondiendo a la pregunta "¿de dónde podría venir el metano en Marte?", declara:

> Hay tres posibilidades. Que haya sido liberado de hielos de hasta 4000 millones de años. La segunda es que haya actividad geológica subterránea actual. *La tercera posibilidad es que el gas metano sea emitido por la actividad de microorganismos.*

En el caso del acelerador de partículas llamado "máquina de dios", en el que participaron alrededor de 6000 investigadores de 80 países, la noticia de primer plano recogida en infinidad de medios fue que participaron 8 argentinos.

Otros lugares comunes al respecto aparecen en cierto estilo recurrente. Señala Diego Hurtado (2004):

> Aparentemente convencidos de que la ciencia argentina se encuentra en permanente peligro de extinción, la incipiente comunidad local de periodistas científicos parece haber adoptado como misión proteger su desarrollo. (...) así, la cobertura periodística especializada se orienta de manera prácticamente exclusiva a los aspectos positivos: la obtención de logros, como publicaciones en *journals* internacionales, el avance de determinados desarrollos, los premios y demás reconocimientos. Dentro de esta estrategia de protección deben entenderse las notas sobre ataques a la ciencia local, es decir, las que se refieren a la falta de presupuesto, las ba-

---

lo comprendió ni lo alentó, e incluso en ocasiones alguien señaló que ese niño "nunca llegaría a nada".

rreras burocráticas, o la falta de estímulo y reconocimiento a las actividades científicas (Hurtado, 2004, p. 79).

A veces el chauvinismo va más allá de los científicos. *La Nación*[138] comenta el hallazgo y la descripción genética de una especie nueva (la bacteria denominada *Bizionia argentinensis*). Se comenta que las características de estos organismos los hacen interesantes por su adaptación a climas rigurosos. Hasta allí la noticia. Lo que interesa destacar aquí es el tono del artículo que comienza así:

> Si hacía falta algo más que décadas de residencia ininterrumpida en el continente blanco *para probar que la Argentina es realmente un país antártico*, ahora tendremos... ¡una bacteria!: sí, Bizionia argentinensis (...) La información completa de la secuencia genética de B. argentinensis se puso a disposición de la comunidad científica local, luego de entregarla simbólicamente a la presidenta Kirchner durante un acto que se realizó ayer a la tarde en la Casa de Gobierno.

¿Cuál es la prueba? ¿El nombre puesto por investigadores argentinos? ¿Poner arbitrariamente un nombre indica algo sobre la naturaleza de las cosas o, más aun, sobre la nacionalidad? ¿Qué hubiera pasado si el nombre lo ponía un australiano?¿O será que el periodista piensa que la bacteria ya se llamaba así antes de ser descubierta? ¿O que descubrir una bacteria es un acto de soberanía?

5. Misceláneas

Aunque, como ya se dijo, los errores no son el tema de este libro, algunos son memorables y valen la pena. Por

---

[138] "La Bizionia argentinensis. Descifran el genoma completo de una bacteria antártica", *La Nación*, 7 de febrero de 2008.

ejemplo, uno que apareció en *Clarín*[139] donde se relataba una anécdota de la *Historia cómica de los estados e imperios de la Luna,* de Cyrano de Bergerac y que retoma un problema pregalileano. Cuenta Cyrano que un día estaba realizando experimentos de física y fue

> elevado por el aire de una forma incomprensible con sus frascos y todo. Cuando al cabo de varias horas consiguió volver a la tierra quedó sorprendido al ver que no estaba en Francia ni en Europa, sino en América del Norte, más precisamente en Canadá. (...) Para explicarlo dijo que mientras él estuvo separado de la superficie terrestre el planeta siguió girando como siempre hacia oriente, y que por eso al descender posó sus pies en América y no en Francia.

El artículo concluye explicando que esto no es posible por el principio de inercia de los cuerpos. Pero antes de eso da "otra" razón increíble:

> cuando un cuerpo se eleva en el aire *continúa ligado a su capa gaseosa,* sin separarse de la esfera terrestre. Es decir que está *"colgado" en la atmósfera,* que también toma parte en el movimiento de rotación de la Tierra alrededor de su eje. *El aire –o mejor dicho, su capa inferir y más densa– gira con el planeta y arrastra consigo todo lo que en él se encuentra.* Si así no fuera la gente sentiría siempre un viento tan fuerte que los huracanes más terribles parecerían ligeras brisas.

Para terminar esta sección, un artículo aparecido en *Clarín,*[140] en el cual se anuncia el descubrimiento de una molécula que podría detener el avance del SIDA en un tono informativo y con algunas apreciaciones de especialistas, algunos más optimistas, otros más prudentes. Pero lo más

---

[139]   "Los viajes de Cyrano de Bergerac", *Clarín,* 7 de marzo de 1995.
[140]   "Descubren una molécula que detiene el desarrollo del sida", *Clarín,* 27 de febrero de 2010.

interesante es que, siguiendo la moda de realizar encuestas entre los lectores, la mayoría de las veces con preguntas que inducen las respuestas, sobre trivialidades o como parte de operaciones de prensa, también sobre esto se le pregunta a "la gente". Y lo peor es que las personas, merced al desarrollo de los dispositivos electrónicos, se han vuelto contestadores compulsivos y entonces opinan, sin ningún fundamento, sobre casi cualquier cosa, creyendo que así participan de la cosa pública libremente. Así, 6171 personas responden sin siquiera saber de qué se trata, sobre la posibilidad de que este descubrimiento pueda ser "un avance clave para su cura": el 42,8% considera que seguramente lo será; un 45,7%, más conservador, cree que sí, pero no en el corto plazo y el resto que "sólo es un descubrimiento más".

Capítulo 3
Desvíos ideológicos,
historiográficos y metáforas

1. La historia de la ciencia en el PC

Cuando se trata de rescatar a los científicos del pasado, el PC suele presentar relatos de héroes y villanos de la racionalidad, relatos mitológicos sin matices ni discusiones. Esta forma de hacer historia de la ciencia ya ha sido suficientemente revisada y criticada en ámbitos académicos, pero, no obstante, perdura en el imaginario corriente y aun en el de muchos especialistas. Tomaré sólo un par de casos preliminares, para después abordar el caso principal (el de Charles Darwin) en que esto se hace más ostensible, sobre todo porque aparece atravesado por discusiones político-ideológicas.

En 2009 se cumplieron los 400 años del uso del telescopio por parte de Galileo para observar el cielo. De hecho se instituyó el Año Internacional de la Astronomía, por lo cual proliferaron artículos alusivos. En *Página 12*[141] se cuenta que, en 1612, mientras Galileo observaba las 4 lunas de Júpiter que él mismo había descubierto, se encontraba en el campo visual de su telescopio el planeta Neptuno (reconocido y registrado como tal recién en 1846).[142] Pero Galileo anotó ese diminuto puntito como una de las infinitas "estrellas fijas" que poblaban el cielo. Más allá de que el artículo refiere a una cuestión anecdótica menor, a una curiosidad, el "casi descubrimiento" del título parece surgir de una concepción de la ciencia empirista ingenua.

---

[141]   "Cuando Galileo casi descubrió a Neptuno", *Página 12*, 10 de enero de 2009.

[142]   Ni siquiera se conocía Urano, descubierto en 1781.

Galileo, como todos, no podía ver más allá de lo que sus marcos intelectuales le permitían y por ello ese "puntito" probablemente no significaba nada para él como, del mismo modo, no podía aceptar la solución kepleriana (de las orbitas elípticas) a la cuestión de la "desviación" del planeta Marte porque para él la trayectoria no podía ser otra que la circular. La ciencia no consiste en observar lo que está allí disponible. Muchas veces, para poner el ejemplo en contrario, ni siquiera está allí lo que se cree observar, como cuando los primeros microscopistas del siglo XVII creyeron ver un pequeño hombre preformado (el homúnculo) en las cabezas de los espermatozoides.

El mismo día, *Página 12*[143] publica un artículo que no sólo contiene un error histórico, sino además una enorme contradicción. El autor intenta incluir y homenajear la figura de Galileo en su propia autobiografía intelectual y señala que luego de que al gran italiano le pasara desapercibido se dio cuenta de que "había creado nada menos que el método científico". No me meteré a tratar de elucidar qué cosa sea el tal "método científico",[144] pero en todo caso semejante afirmación desconoce las decenas de pensadores (científicos, filósofos, intelectuales) que desde la Antigüedad se habían ocupado de esas cuestiones. Pero, además, el autor se queja de que la epistemología (se refiere a la epistemología estándar, obviamente, porque hay otras formas de hacer epistemología) cuando él estudiaba "congelaba todo con un baño de lógica, diluía ese asombro que está en el origen del conocimiento y neutralizaba las ineludibles variables políticas y éticas". Pero, justamente, esa forma criticada de hacer epistemología es la que concibe

---

[143] "Galileo, para mí", *Página 12*, 10 de enero de 2009.
[144] Feyerabend, 1975 y Pérez Tamayo, 1993 entre otros han mostrado de qué manera los desarrollos científicos se produjeron, en alguna medida significativa, contrariando los preceptos metodológicos.

como tema central para entender el funcionamiento de la ciencia a la cuestión metodológica que el autor del artículo ubica en el centro de la historia de la ciencia.

También a propósito de Galileo, *La Nación*[145] comenta un estudio realmente inútil: un grupo de astrónomos, genetistas y oftalmólogos quiere develar, a través de un análisis del ADN de los restos del gran astrónomo italiano, si padecía problemas de vista. Pero lo que interesa remarcar aquí –después de todo hay tanto estudio inútil– es que se pretende relacionar algunos de los errores de observación de Galileo con sus problemas de vista. Tómese el trabajo, querido lector, si puede, de acercar su ojo a algunos de los primeros microscopios y telescopios del siglo XVII. Probablemente no vea casi nada y todo deformado, y ésa era, justamente, una de las objeciones científicas serias a las observaciones de Galileo. De paso convendría aclarar que el enorme aporte de Galileo fue más que nada teórico y, en todo caso, el gran mérito ha sido inscribir sus observaciones en un nuevo aparato teórico-conceptual.

El caso Galileo resultó también una oportunidad para reforzar algunas operaciones y aspiraciones políticas de la Iglesia católica que fue curiosa, aunque no ingenuamente, comentada por *La Nación*[146] en su sección de ciencia. El artículo no hace más que reflejar parte de la estrategia actual de la Iglesia católica con relación a la ciencia. En la misa que refiere el título, oficiada por Monseñor Gianfranco Ravasi, presidente del Pontificio Consejo de Cultura, se rescató la fe católica de Galileo que "solía distinguir las verdades científicas de las que son necesarias para nuestra salvación", leyendo un mensaje enviado por

---

[145] "Buscan en el ADN de Galileo signos de problemas de vista", *La Nación*, 23 de enero de 2009.

[146] "Una misa solemne en honor a la figura de Galileo", *La Nación*, 15 de febrero de 2009.

el cardenal Tarcisio Bertone, secretario del Vaticano. En el mismo mensaje Ravasi leyó que "También en nuestra época emerge una *nueva frontera de científicos que tras las huellas de Galileo no renuncian ni a la razón ni a la fe, y valorizan ambas en su reciprocidad*". Dos cosas pueden señalarse: en primer lugar que rescatar a Galileo por sus trabajos físicos y astronómicos resulta fácil, necesario y gratis en términos de costo dogmático a cuatro siglos de la condena de la Inquisición. En segundo lugar que la Iglesia católica aboga fuertemente por retomar extemporáneamente los beneficios de una secularización, forzosa por un lado, pero garante al fin del magisterio de la Iglesia por otro. El objetivo más preciado es, como se verá luego, conciliar creación con evolución. Sin embargo, el propio papa Benedicto XVI, provocador y fundamentalista al fin, dice lo que no dicen los otros. El artículo rescata:

> El propio Benedicto XVI, siendo cardenal y prefecto de la Congregación para la Doctrina de la Fe, en 1990 sentenció: "En la época de Galileo, la Iglesia fue mucho más fiel a la razón que el propio Galileo. El *proceso contra* Galileo fue razonable y justo".

Huelga decir que eso es falso. El concepto abstracto de "razón" usado carece de contenido empírico y parece remitir a una racionalidad *a priori* que no existió ni existe; en cualquier encrucijada científica existen controversias y ni Galileo ni sus adversarios poseían información completa para decidir instantáneamente sobre la cuestión de la geometría del universo conocido. Es cierto que muchas de las objeciones al sistema heliocéntrico no provenían de un mero dogmatismo religioso, sino de objeciones científicas. Pero también es cierto que, de manera creciente (Galileo aporta varios de ellos), había buenos indicios para inclinarse por el copernicanismo. Dicho sea de paso, nótese cómo se naturaliza para la Iglesia que alguien pueda ser *sometido a proceso* por sostener algo distinto.

Que la gente tenga una imagen distorsionada de la ciencia, que defienda una epistemología ingenua o incluso completamente falsa, no resulta un gran problema. De hecho el PC resulta una gran contribución para ello como venimos viendo a lo largo de este libro. Pero en ocasiones, suplementos de ciencia como el de *Página 12*, que suele ser de lo mejor que se publica en los diarios argentinos en el área, cometen algunos deslices epistemológicos francamente desoladores. El suplemento Futuro[147] publica un artículo en el cual se conjugan tres cosas: un desconocimiento hiperbólico de la filosofía, lo mismo que de la historia de la ciencia y de los estudios sobre la ciencia; una desproporcionadamente ingenua e impune pretensión de resolver complejísimos problemas históricos y epistemológicos con fórmulas trilladas, superadas y falsas; y finalmente un rescate romanticón de la especificidad y la calidad de la intuición poética como forma de conocimiento peculiar y única. El artículo, una mescolanza de datos difusos con apreciaciones erróneas y/o extemporáneas sobre la historia de la ciencia, discurre por la distinción entre ciencia y poesía proponiendo algunos criterios de demarcación entre ciencia y otros discursos (en este caso la literatura). Pero se trata de un criterio de demarcación realmente increíble. El autor se pregunta: "¿Qué es lo que hace hoy que un texto antiguo pueda ser contemplado por nosotros como científico o poético? *El error, sin duda*" (sic). Tomada en sentido literal, esta afirmación obliga a considerar poesía a toda la literatura científica, al menos a todos los libros del pasado. Presupone una concepción metafísica de la verdad científica que casi nadie hoy defiende. Lo que es peor aun, obliga a incluir en el maravilloso mundo de la

---

[147] "La fórmula de la belleza", *Página 12*, 29 de enero de 2005.

poesía y la literatura a insoportables textos científicos falsos. Por el contrario, tomada esa afirmación en un sentido algo más restringido, simplemente carece de sentido. Si usted piensa que exagero, veamos los ejemplos:

> Cuando Lucrecio expone su cosmología materialista según la cual el mundo está constituido por átomos, hace ciencia, justamente porque actualmente sabemos que la materia está constituida por átomos.

Mares de tinta[148] se han derramado contra esta forma de hacer historia de la ciencia. Los atomistas de la Antigüedad[149] (Leucipo, Demócrito y Epicuro antes que Lucrecio) sostenían una discusión metafísica entre ellos y otros autores como Aristóteles, en muchos casos en relación con la concepción acerca de la matemática. En consecuencia, tenían propósitos, objetos y preocupaciones diferentes. Ni siquiera pensaban científicamente en términos actuales; su pensamiento era meramente especulativo, lo cual no lo desmerece en absoluto pero lo aleja sustancialmente de las preocupaciones del siglo XIX acerca de la estructura de

---

[148] Véanse, entre muchos otros, Kuhn, 1962-1970; Koyre, 1939; L. Fleck, 1935; Feyerabend, 1975.

[149] Un caso similar resulta cuando se señala a Empédocles (494- 434 a. C.) como antecedente de la teoría darwiniana de la evolución. Empédocles narra el origen de los seres vivos en un extraño proceso inscripto en una cosmogonía, según la cual hay en el universo cuatro elementos a los que llama "raíces") y dos "fuerzas" (amor y odio o discordia). Las diferentes materias orgánicas son, todas, fruto de diferentes mezclas de las raíces originales (por ejemplo los huesos son el resultado de la combinación de 2/8 de agua con 2/4 de fuego y 2/8 de tierra). El primer estadio del proceso es la configuración azarosa de miembros dispersos. Por eso las primeras uniones dan por resultado criaturas monstruosas. Según la versión que nos llega de Aristóteles, de todas las combinaciones sólo sobrevivieron las que resultaron adecuadas a su fin propio y se perdieron las que no lo eran. Querido lector, tómese el trabajo de leer las conclusiones de *El Origen de las Especies* y verá la diferencia abismal entre esta especulación y la teoría moderna.

la materia, porque su "teoría atómica" no viene a tratar de resolver una cantidad de problemas empíricos ni a articularse con el resto del saber científico disponible. La caracterización de la motivación por la ciencia no es menos ingenua:

> La ciencia tiene un puro interés cultural, obedece al *mero deseo de saber*: *sirve únicamente para satisfacer la curiosidad innata en el hombre por el ambiente que lo circunda, y por sí mismo*. Suele confundirse a menudo la ciencia con la tecnología. La ciencia trata de entender *las leyes que regulan el mundo*, mientras que la tecnología es el conjunto de las actividades tendientes a modificar y controlar el ambiente en que se vive.

Definiciones y caracterizaciones románticas e ingenuas como éstas, expresadas al pasar por alguien que no se ha ocupado del tema, no admitirían más que un caballeresco silencio, pero expuestas en un suplemento de divulgación científica resulta algo más grave. No menos ingenua (y falsa) es la caracterización de la investigación científica:

> Lo que distingue la investigación científica de cualquier otra actividad del pensamiento es el *método que utiliza*. Este método, llamado "método experimental", consiste fundamentalmente en el análisis sistemático, a través de la observación y la experimentación, de los fenómenos naturales, en la organización de los datos que esa observación arroja y en su posterior interpretación.

La caracterización precedente tiene, cuando menos, los siguientes problemas: la idea de que existe algo así como un "método para descubrir" en la ciencia, es decir, confundir los protocolos instrumentales y rigurosos que sí se usan en ciencia, como si fueran la característica fundamental de la ciencia misma; una visión empirista inductivista de la actividad científica completamente superada: ya nadie cree que la ciencia se funda temporal y metodológicamente en la acumulación de datos para su posterior interpretación o evaluación; la reducción de la ciencia a la ciencia natural. Toda la discusión de la filosofía de las ciencias de los últimos cien años y, en las últimas décadas, de los estudios sobre la ciencia han criticado y devaluado estas concepciones.

En el tono impune que da la ignorancia, el autor del artículo sentencia la resolución de un problema complejísimo que, al menos, admite múltiples caracterizaciones, de manera "simple":

> La hipótesis hasta ahora es de lo más simple. Teniendo un texto A, basado en una serie limitada de análisis sistemáticos apoyados en observaciones y experimentos, el resultado, B, si a nuestros ojos sigue siendo igual a C, lo consideraremos de carácter científico. Si el resultado es, por ejemplo, L, caerá en el ámbito intangible e impreciso de la literatura (sic).

En apoyo de su "hipótesis" comenta algunos libros, entre ellos el del médico alemán Paul J. Moebius, titulado *La inferioridad mental de la mujer,* comentando que "es hoy un libro humorístico insuperable. El error lo salva, hace mutar su consistencia científica en una literatura". El libro de Moebius en realidad recoge todo el imaginario prejuicioso del siglo XIX acerca de la mujer, el racismo, un determinismo biológico bastante burdo y, como buena parte de los libros científicos de la época, era funcional ideológica y políticamente a la discriminación de grupos (o de razas). Sin embargo era y sigue siendo un libro científico porque lo produjo un científico en ejercicio de su profesión y estaba en línea con el saber de la época. La superación de los contenidos y de los errores (groseros muchos de ellos) no lo hacen un texto literario (sin contar con que tiene pocos o nulos méritos literarios, por otra parte). El autor del artículo, al desplazar el libro de Moebius a la literatura, comete el mismo error que otras tradiciones intelectuales y científicas al considerarlo como "pseudociencia". El libro de Moebius (lo mismo que muchos libros de los racistas científicos, los craneómetras, los frenólogos y los antropólogos criminales de la segunda mitad del XIX y de las primeras décadas del XX) es un libro científico -superado- que pertenece a la historia de la ciencia, tanto como los *Principia* de Newton o *El Origen de las Especies* de Darwin.

La ciencia y la literatura tienen muchos puntos en común, sobre todo a partir de que ambas se expresan en un lenguaje y de que ambas son emergentes culturales de un tiempo particular, pero el autor del artículo, que pretende venir a develarnos alguna novedad, no puede traspasar los prejuicios y los estereotipos comunes más ingenuos acerca de ambas.

Cada tanto aparecen estas formas ingenuas y ahistó-ricas de entender la historia de las ciencias. *La Nación*,[150] por ejemplo, anuncia una teoría de arqueólogos británicos según los cuales la construcción de piedra de Stonehenge *"podría haber sido un spa"*. Y no sólo eso, sino también podría haber sido una *"franquicia del spa original* en Carn Menyn".

2. Metáforas en la ciencia y en el PC

En lo que sigue también me ocuparé de las metáforas utilizadas en la CPCT, pero el peculiar papel que les asigno y su ubicuidad en la ciencia, en la enseñanza de la ciencia y en la divulgación obligan a realizar una digresión algo extensa, para exponer un punto de vista distinto acerca del alcance y del estatus cognitivo de las metáforas, y por

---

[150] "Stonehenge podría haber sido... un spa", *La Nación*, 6 de octubre de 2008.

tanto de su poder de configuración de las concepciones y de las imágenes de la ciencia.

La ciencia está plagada de metáforas. Por citar sólo unas pocas muy conocidas: se ha sostenido que el universo es un *organismo*, que es una *máquina*, o bien que es un *libro* escrito en caracteres matemáticos; que la humanidad o una civilización se *desarrolla* o *muere*; que entre las empresas comerciales, las innovaciones tecnológicas, o aun entre los pueblos y las culturas hay un *mecanismo de selección de tipo darwiniano*; que el mercado se autoregula a través de la *mano invisible*; que la mente humana es como una *computadora* o bien que una computadora es como una *mente*; que en los genes hay un *código* que el organismo decodifica para funcionar, un código que los científicos están aprendiendo a *leer* también.

La metáfora ha sido pensada tradicionalmente como un recurso estético y/o retórico, es decir para embellecer algunas formas de decir las cosas y/o para convencer a un interlocutor. Además la metáfora puede tener funciones heurísticas (porque puede llevar a nuevos desarrollos) y también didácticas. En efecto, en numerosas ocasiones el científico describe y explica la realidad a través de metáforas; en el nivel de la enseñanza y en el de la divulgación se habla de la ciencia a través de metáforas, y los estudiantes y el público en general construyen su conocimiento y una imagen subyacente acerca de la ciencia a través de ellas.

Tradicionalmente también, se ha pensado que hay, en principio, dos tipos de lenguajes que delimitarían respectivamente dos funciones, consideradas incompatibles: por un lado un lenguaje literal que permitiría producir y transmitir información y conocimiento, y por otro lado un lenguaje desviado, sesgado, indirecto constituido por analogías y ese tipo particular de analogías que son las metáforas con funciones, como dijimos, meramente estéticas o retóricas.[151] El primer tipo de lenguaje permanece asociado a la descripción y a la explicación de *lo real*, el segundo a la zona nebulosa, misteriosa y mágica de la intuición y la creatividad sin rigor ni límites. Por ello la relación entre metáforas y conocimiento ha sido, según la concepción tradicional, muy clara: la metáfora carecería de toda relevancia y valor cognoscitivo. Incluso quienes han reivindicado el valor inspirador y creativo de la metáfora en ciencia niegan su relevancia cognoscitivo/epistémica.

Por el contrario, aquí considero a las metáforas[152] desde un punto de vista diferente, a saber:

- Si bien las metáforas pueden cumplir (y de hecho a menudo lo hacen) funciones didácticas, heurísticas y también estéticas, ellas cumplen primordialmente un papel cognoscitivo y epistémico fundamental. Esto ocurre, aunque a veces de modo diferente, tanto en la producción de conocimiento por parte de los científicos como así también en los procesos de divulgación científica y de apropiación de conocimiento que realizan los estudiantes.[153] De modo tal que esas metáforas, en muchas e importantes ocasiones, dicen algo por sí mismas y no como traducción de un lenguaje científico literal original que no se expresa o que está oculto para los no especialistas.

- Las metáforas (todas, las científicas y las literarias) son intraducibles porque no son meros sustitutos de otra expresión literal. Una metáfora no es en lo esencial

---

[151] Lo mismo ocurriría con otro tipo de construcciones como la ironía o la hipérbole.

[152] He desarrollado ampliamente la cuestión de las metáforas en la ciencia en Palma, 2004 y, en una versión abreviada, Palma, 2008.

[153] Si bien lo que ocurre en la enseñanza institucionalizada es diferente de lo que ocurre en la divulgación en una enorme cantidad de aspectos, lo que señalo en esta sección vale para los dos ámbitos.

una (eventualmente mala o buena) traducción de un lenguaje científico privilegiado neutro y literal que está ahí, disponible para el que lo entienda. Esto obedece a que las metáforas producen nuevos significados.

- Pero, además, suele ocurrir, salvo ocasiones puntuales, que no haya tal cosa como un lenguaje literal y otro metafórico que deriva de aquél, sino dos lenguajes en sí mismos. De modo tal que la metáfora no posee ninguna ventaja –ni desventaja– epistémica respecto de un supuesto lenguaje literal (inexistente) y, sobre todo, puede y debe arreglárselas en soledad con su referencia y por tanto ser verdadera o falsa en las mismas circunstancias y condiciones que el lenguaje en general.
- La inauguración de nuevos significados implica nuevas connotaciones/denotaciones que, a veces, se tensionan con las teorías científicas en el seno de las cuales son utilizadas.
- Para que una metáfora funcione resulta indispensable que se den condiciones adecuadas de contexto lingüístico/práctico.
- La metáfora no constituye ningún caso especial de captación del mundo como suelen pensar románticamente algunos.
- Las metáforas tienen una historia propia, en la cual surgen como metáfora y luego se literalizan porque su uso se naturaliza. De ahí que muchas veces ni siquiera se perciba el carácter metafórico de expresiones científicas.
- Los modelos científicos son metáforas.

Si esto es así, el uso de metáforas entonces no es algo pernicioso ni ilegítimo en la ciencia, la enseñanza de la ciencia y la divulgación, pues resulta inevitable su uso. De modo tal que no es una tarea útil ni deseable realizar una auditoría semántica sobre la cuestión y denunciar los malos usos. Más bien de lo que se trata es de mantener una conciencia atenta sobre las consecuencias que esas metáforas producen. Finalmente, el uso de metáforas no es más que una de las formas, particularmente generalizada y arquetípica, en que el lenguaje "construye" la realidad. De eso los medios masivos conocen mucho, aunque con intereses mucho más mezquinos y privados que los que subyacen a las secciones de divulgación científica.

3. El caso Darwin y la teoría de la evolución

Tomemos, ahora sí, el caso Darwin, más complejo que el de Galileo porque la Iglesia no acepta la evolución de las especies, al menos en los términos en que la teoría de la evolución biológica la sostiene, de modo tal que la corrección política que se expresaba en el caso Galileo se reemplaza, para el caso del naturalista inglés, por una agresiva distorsión ideológica y política, solapada a veces, más abierta en otras ocasiones. Buena parte del PC abona esta distorsión, consistentemente con la capacidad de *lobby* de los grupos religiosos. Para entender esto, en primer lugar señalemos brevemente lo principal de la teoría darwiniana y las razones de la incompatibilidad con el cristianismo.

La teoría darwiniana de la evolución implica cuando menos dos hipótesis fundamentales: el origen común de los seres vivientes y la selección natural como mecanismo principal –aunque no el único– de la evolución. El origen común hace referencia a que todas las especies actuales (incluyendo las extinguidas a lo largo de la historia del planeta) derivan de una o de unas pocas formas muy elementales de vida. El registro fósil, la anatomía comparada, la embriología y sobre todo la biología molecular son pruebas de ello.

La selección natural, por su parte, es definida por Darwin como la "conservación de las diferencias y variaciones individuales beneficiosas y la destrucción de las que no lo son". Implica cuando menos tres elementos. En primer lugar la *descendencia con variación:* es decir que los individuos de una misma especie no son exactamente iguales entre sí. En segundo lugar una *tasa de reproducción mayor* que la tasa de supervivencia: nacen más individuos que los que el medio puede mantener, por lo que hay una proporción variable de esa descendencia que sucumbe antes de llegar a estar en condiciones de reproducirse. En tercer lugar la *lucha por la supervivencia:* las variantes individuales pueden, en determinadas situaciones, representar una ventaja para el individuo que la posee para sobrevivir y reproducirse o, por el contrario, representar una desventaja que lo hará sucumbir prematuramente y no dejar descendencia.

Este sencillo mecanismo, funcionando a lo largo de miles de millones de años, acumulando variaciones minúsculas que, a su vez, representen una ventaja reproductiva o, en el caso de algunas especies, una desventaja mortal, y todo ello de manera totalmente casual –en el sentido de que esas variaciones no tienen relación con las variaciones ambientales– ubica la existencia de los humanos (y de todas las otras especies) como una mera contingencia azarosa del devenir cósmico.[154] En esos términos, la irrupción de la teoría darwiniana provocó la revolución antropológica, cultural e ideológica más profunda y amplia derivada de una teoría científica en toda la historia. La especie humana derivando de ancestros no humanos comunes a otras especies y como resultado de una historia evolutiva particular

---

[154] Para un análisis de la teoría de la evolución y sus consecuencias véase, entre muchos otros, Mayr, 2004; Dupré, 2003 o Maynard Smith y Szathmary, 2001

y contingente eliminaba no sólo la creencia en la creación especial (según la cual dios habría creado a cada especie por separado), sino también la idea de un ser humano hecho a imagen y semejanza del creador, como culminación de la creación con un lugar privilegiado en el universo y, sobre todo, la necesariedad de su existencia misma como parte del plan de dios. Debe agregarse la enorme apuesta epistemológica consistente en la búsqueda de explicaciones naturalistas para el problema de la existencia de la humanidad descartando de plano explicaciones sobrenaturales. Estas incompatibilidades manifiestas hacen que cualquier intento de conciliación entre ambas conlleva violentar o bien la evolución o bien la religión, de modo tal que era esperable la oposición cristiana contra el evolucionismo darwiniano, una historia larga que se inicia apenas publicada la principal obra de Darwin.

El primer caso famoso fue el del profesor John Scopes quien en el estado de Tenessee en 1926 transgredió una ley del año anterior que prohibía enseñar "cualquier teoría que negara el relato de la creación divina del hombre como cuenta la Biblia", como así también "que el hombre ha descendido de órdenes inferiores de animales". El profesor Scopes fue condenado a pagar una multa muy pequeña, simbólica, lo que algunos interpretan como una suerte de salida elegante de observancia para una ley claramente absurda. Sin embargo, este hecho determinó la exclusión o el tratamiento sumamente lavado de las consecuencias antropológicas de los temas de evolución en los libros de texto de los EEUU hasta la década del sesenta.[155] Las peripecias judiciales de la teoría de la evolución en los EEUU son muy grandes. En 1968 la Corte Suprema declaró la inconstitucionalidad de la ley que prohibía la enseñanza de la evolución. La relación de fuerzas entre evolucionismo y

---

[155]   Véase Gould, 1983, artículos 19 y 21.

creacionismo comenzaba a cambiar pero los creacionistas no cesaban en sus intentos y así, en 1981, el Gobernador del estado de Arkansas aprobó por Decreto-Ley el tratamiento equilibrado de la "Ciencia de la Creación" y la Ciencia de la Evolución. Según esta ley, los profesores de biología del estado debían dar un tratamiento similar en tiempo y forma a las ideas evolucionistas y a la llamada "ciencia de la creación" que no es, ni más ni menos, que una interpretación literal del relato del Génesis. Merced a los esfuerzos llevados a cabo por la *American Civil Liberties Union*, argumentando que el relato bíblico poco tenía que ver con los modelos científicos de explicación, en 1982, el juez Oberton rechazó la ley de tratamiento equilibrado sosteniendo que la ciencia de la creación era una forma de introducir la enseñanza de la religión en las escuelas públicas. Finalmente en 1987 un fallo de la Corte Suprema de Justicia de los EEUU determinó la inconstitucionalidad de la enseñanza de la "ciencia de la creación". Si bien parece que la vía judicial se encuentra definitivamente cerrada, el reclamo de los grupos fundamentalistas religiosos resurge constantemente. En las últimas décadas, sobre todo a partir de que la "ciencia de la creación" o el creacionismo científico comenzó a ser inviable para los objetivos de los grupos religiosos, apareció una versión algo más elaborada y con un lenguaje más afín a la ciencia, la teoría del Diseño Inteligente (en adelante DI), que pretende establecer la disputa (al menos eso es lo que se plantea) en el terreno de la ciencia empírica. Sin embargo, se trata sólo de una versión *aggiornada* del creacionismo.

En 2005 hubo un intento en Italia, por parte del primer ministro Silvio Berlusconi, de suprimir la teoría de la evolución en los primeros años de la enseñanza media. También en ese año hubo una avanzada del presidente de los EEUU, G. W. Bush, para introducir la enseñanza de la "teoría" del

DI en las escuelas. En algunos estados de los EEUU se trata de una pelea constante en el sistema educativo.

El DI pretende hoy plantear la necesidad de un debate en términos científicos. Sin embargo, para que haya una discusión científica tienen que darse cuando menos dos condiciones. La primera, sociológica si se quiere, es que se dé justamente por los mecanismos institucionales y académicos de la ciencia. La segunda, más conceptual y metodológica, requiere que haya, cuando menos, dos puntos de vista con aspiraciones a ser la mejor explicación/teoría sobre la misma cuestión. Por eso mismo, las explicaciones/teorías candidato deben ser conmensurables, al menos en parte, es decir que se refieran a la misma cuestión, que compartan un mínimo de aspectos del problema a resolver y que se expresen en el mismo rango epistemológico (metodológico, de racionalidad compartida, de criterios de aceptabilidad, de base empírica, etc.). A pesar de que ninguno de estos aspectos se encuentra presente en el debate evolucionismo vs. DI (que se da sobre todo en EEUU y algo menos en Europa), constantemente se vuelve sobre esta interminable polémica, en buena medida resuelta y en buena medida falaz. La estrategia básicamente consiste en generar un debate (artificial y no científico, insisto) para incidir en la opinión pública (basta recorrer los catálogos de las editoriales y los medios masivos de comunicación) y sobre todo en el sistema educativo. Se trata, sin lugar a dudas, de una disputa en el plano de lo político-ideológico.

El llamado DI no es más que una versión moderna, expresada en un lenguaje científico, del viejo argumento del diseño, cuya versión más conocida es la que expuso en los primeros años del siglo XIX William Paley[156] en su *Teología Natural*:

---

[156]   Ya David Hume en el siglo XVIII criticó contundentemente (en *Diálogos sobre la religión natural*) no sólo la posibilidad misma de una teología

Supongamos que, al cruzar un brezal, diera mi pie contra una piedra y se me preguntara cómo llegó a estar esa piedra allí; posiblemente podría responder que, como no sabía nada que indicara lo contrario, esa piedra siempre ha estado allí; y tampoco sería muy sencillo demostrar lo absurdo de esa respuesta. Pero supongamos que hubiera encontrado un reloj en el suelo, y se me preguntara cómo era que el reloj había llegado a ese lugar; en ese caso jamás se me ocurriría dar la misma respuesta que antes; que por lo que sabía, ese reloj siempre había estado allí.

Entre los defensores actuales del DI se destaca Michael Behe, quien en un libro titulado *Darwin's Black Box* intentó dar una serie de contraejemplos a la idea de selección natural darwiniana. Es importante destacar que Behe pertenece al *Center for Science and Culture* [157] que, en un trabajo de 1998, bajo el título "Estrategia de la cuña", muestra el carácter religioso y político de este grupo al postular como su finalidad: "Derrotar al materialismo científico y su destructivo legado moral, cultural y político" y "reemplazar las

---

natural (el programa que pretende deducir una teología, es decir la existencia de un diseñador, a partir de los datos del mundo conocido) sino también la posibilidad de atribuir a esa deidad las características y las propiedades del dios cristiano.

[157] Fundado en 1996, dentro del *Discovery Institute,* un *think tank* nacido en Seattle es una institución sin fines de lucro que depende de donantes privados, ligada al conservador *Hudson Institute.* El *Discovery Institute* actualmente está presidido por B. Chapman de confesión católica y que ocupó cargos de importancia en el gobierno republicano de R. Reagan. También está ligado a través de algunos de sus miembros con el movimiento dominionista *Christian Reconstruction,* contrario a la tolerancia religiosa y que propugna la subordinación de las leyes civiles a las prescripciones del Antiguo Testamento. El *Discovery Institute* publica documentos presuntamente científicos para contradecir a los darwinianos y para convencer a los maestros que deben defender la "libertad" de enseñar en las clases de ciencia las teorías creacionistas en los mismos términos que las teorías científicas. Fundó el *Biologic Institute* en Redmond, estado de Washington, para reclutar investigadores que puedan dar fundamentos científicos a la teoría del DI.

explicaciones materialistas por la concepción teísta de que la naturaleza y los seres humanos son creados por dios".

A partir de (supuestos o reales) contraejemplos a la teoría darwiniana de la evolución, Behe concluye la existencia de un diseñador inteligente. Según Behe existen abundantes casos de *complejidad irreductible*, esto es sistemas biológicos compuestos cuya función básica depende de la coordinación y de la interacción de sus partes componentes de modo que si se eliminara cualquiera de ellas, dejaría de funcionar por completo. Como, siempre según Behe, un sistema de esas características no podría tener fases funcionales intermedias, su origen no podría haber sido la acumulación de variaciones azarosas sometidas a la selección natural. Ya Darwin había vislumbrado el problema y le dedicó un extenso tratamiento en *El Origen de las Especies* (en adelante *El Origen*) y de hecho en sus cartas se nota su gran preocupación por casos de órganos complejos, sobre todo por el caso testigo del ojo.

La teoría de la evolución tiene respuestas concretas al problema planteado por Behe. Por señalar sólo algunos, S. J. Gould se ha ocupado extensamente del tema. Thornhill y Ussery (2000) señalan, por su parte, que hay cuatro maneras en que se dan los cambios: en primer lugar por acumulación serial directa (por la acumulación, a través de las generaciones, de pequeños cambios); en segundo lugar por evolución paralela directa (modificaciones que ocurren en dos componentes y que juntas adquieren una funcionalidad ventajosa o mayor); en tercer lugar por eliminación de la redundancia (cuando hay una mutación en algún elemento del sistema y pasa a tener otra función, otros que eran parte del sistema pierden su utilidad y puede que terminen eliminándose. El análisis de la funcionalidad en una etapa posterior no se puede comprender si no es tomando en consideración los elementos desaparecidos); y, finalmente, por adopción de una función

diferente (sistemas producidos por cualquiera de los modos anteriores y que, en algún momento determinado,
pasan a cumplir una función diferente de la original). Otros
científicos, como Stuart Kauffman, investigan la posibilidad de que los sistemas biológicos complejos se puedan
"auto-organizar" a partir de componentes sencillos (como
los sistemas reguladores genéticos). Kauffman considera
que ésa puede ser una forma de generar orden biológico
además del "orden" biológico que resulta de la evolución
natural y sobre todo que por ese mecanismo es altamente
probable que hayan surgido organismos autorreproductores
(las primeras formas de vida) en los albores del planeta por
procesos completamente naturales de auto-organización
química espontánea.

Por su parte, los defensores del creacionismo/DI suelen
armar un dispositivo argumental más o menos estándar con
algunos errores gruesos y con algunas trampas epistemo-
lógicas. En muchos casos se le atribuye cierta insuficiencia
a la teoría de la evolución para dar cuenta del origen de lo
viviente en sí mismo –lo que hoy se conoce como biogéne-
sis–, es decir la aparición de la vida a partir de la materia
inanimada. Efectivamente, hablando en sentido estricto,
la teoría de la evolución no da cuenta del origen de lo viviente. Simplemente porque es (sólo) una teoría sobre el
origen de la diversidad a partir de presuponer la existencia
de lo viviente. Sería como pedirle a la física newtoniana
que dé cuenta del origen del universo. De modo tal que
es inapropiado esperar de la teoría algo de lo que ella no
se ocupa. De todos modos es importante tener en cuenta
que la apuesta por explicaciones naturalistas desechando
otras explicaciones sobrenaturales constituye un cambio
de mentalidad sobre la cual Darwin, efectivamente, resultó
un hito fundamental.

Es habitual señalar también que la teoría de la evolución es "tan sólo" una teoría, esperando con eso rebajarla a

la categoría de mera especulación, creencia no justificada o dogma. Se trata de un grosero error epistemológico. A decir verdad, la teoría de la evolución es una teoría en el mismo sentido en que lo es la tectónica de placas, la biología molecular, la relatividad o la cuántica. Se trata de programas de investigación – algunos más consolidados que otros– con una importante base empírica, que sostienen algunas hipótesis básicas –bien fundamentadas todas– y que contienen además áreas de intensos debates, algunos de los cuales quedarán saldados en el futuro, otros perdurarán y, probablemente, se agregarán otros nuevos. De modo tal que las discusiones internas a las áreas científicas no representan ninguna debilidad, por el contrario indican la fortaleza de la capacidad crítica y correctiva de la ciencia en contraposición con los saberes defendidos dogmáticamente. En este sentido, habría que agregar un punto en que la discusión con los creacionistas adquiere cierta asimetría. En efecto, mientras pretenden denostar de este modo el estatus epistémico de la teoría de la evolución exigiéndole certezas absolutas que ninguna teoría puede proveer, y luego de señalar algunas lagunas (supuestas o reales) en la teoría, concluyen, sin ningún pudor epistemológico, la existencia de un dios diseñador/creador. Mucho más: concluyen la existencia del dios cristiano.

Pero, a despecho de la abrumadora cantidad y calidad de la evidencia disponible, la crítica de los creacionistas/DI a la teoría de la evolución se basa en tres estrategias principales de manera aislada o combinadas entre sí: señalar la supuesta ausencia de pruebas a favor, resaltar la existencia de pruebas en contra o la exacerbación de los debates internos en la biología evolucionista como prueba de que sus mismos defensores la contradicen. Las evidencias a favor de la teoría de la evolución distan mucho de ostentar la pobreza y la fragilidad que los defensores del DI intentan mostrar. La descendencia con variación y la relación entre diferentes clases biológicas son hechos poco menos que incontrastables. Hay evidencias fisiológicas que conforman la relación existente entre estructuras, como por ejemplo la estructura ósea de los miembros superiores de los mamíferos que cumplen, sin embargo, funciones diferentes (el ala del murciélago, la aleta de la ballena y el brazo humano). También hay evidencias anatómicas (series anatómicas de estructuras, sistemas, aparatos y órganos; homologías entre estructuras y órganos; analogías entre estructuras y órganos; estructuras y órganos rudimentarios o vestigiales y estructuras y órganos atávicos). Existen también evidencias taxonómicas y de la embriología comparada. Como si no bastara, a nivel molecular todos los organismos comparten las mismas bases bioquímicas. También existe la evidencia de los fósiles que, más allá de cierta "incompletitud" que ya desvelaba a Darwin, permiten fechar y por tanto establecer secuencias de organismos que cambian a medida que se acercan al presente y a formas conocidas. El esquema de descendencia es coherente con el esquema de relación que indica la comparación fisiológica.

Pues bien, si no es una disputa científica, ¿de qué se trata? Para resumir la cuestión debe señalarse que a los grupos religiosos (incluidos los científicos religiosos) no les interesa triunfar en el planteo científico sino sólo generar una controversia que les permita tener presencia en la comunicación pública de la ciencia y, sobre todo, en el sistema educativo. De modo tal que se trata de una disputa ideológico-política y de una falsa controversia propuesta sólo desde uno de los polos de un falso debate y cuyo objetivo de máxima es ganar estatus de interlocutor.

De cualquier manera esta estrategia general tiene alcances variables. Si en países como EEUU los partidarios del DI propician militantemente los debates en cuestión, en la Argentina, el panorama es más desalentador. No tanto porque no se da ese debate, cosa que algunos científicos consideran auspicioso, sino porque, salvo excepciones, hay una ausencia notoria de la cuestión de la evolución en los institutos de formación docente y por consiguiente en los establecimientos de enseñanza primaria y media (tanto confesionales como en muchos del Estado) a despecho de que aparezca como parte del currículo en los documentos oficiales. Diversas razones explican esto. Por el lado de los docentes, la coerción directa, la autocensura o el desconocimiento. Al mismo tiempo, la mayoría de los textos de enseñanza primaria y media (que en buena medida resultan los organizadores de los programas), cuando abordan la cuestión, lo hacen de manera excesivamente escueta que no se condice con la importancia fundamental de la evolución en biología, y en lugar de usar la evolución como eje vertebrador de la asignatura, aparece en alguna sección de menor relevancia; no abordan las consecuencias antropológicas y culturales; o bien lo hacen de manera equívoca con expresiones y gráfica que aluden a la creación en términos religiosos, reforzando también equívocamente el carácter de que se trata (sólo) de una teoría; o bien mediante versiones lavadas y extemporáneamente adaptacionistas a partir de la enseñanza de la ecología. En este contexto el Ministerio de Educación no ha reconocido que "el rey está desnudo".

> Desde el Ministerio de Educación de la Nación recuerdan que en la currícula de noveno año queda estipulada la enseñanza de las teorías evolucionistas dentro de la materia de Ciencias Sociales. Sin embargo, aclaran que la responsabilidad de que se impartan o no "es de las jurisdicciones".[158]

Algunos prominentes investigadores tampoco registran la envergadura del problema y señalan:

---

[158] "A doscientos años de su nacimiento Darwin sigue generando polémica", *Clarín*, 11 de febrero de 2009.

En la Argentina –reflexiona el investigador de la UBA Alberto Kornblitt– no parece haber peligro de que se enseñe creacionismo en las escuelas, hay una mentalidad más abierta que en EEUU. Pero hay que estar alerta porque el fundamentalismo religioso está avanzando, incluso en Brasil.[159]

Sin embargo, no es sólo un problema con los fundamentalistas protestantes de los EEUU, sino que la avanzada religiosa se da en distintos frentes aunque con distintos grados también de exposición y virulencia. Además, si bien es cierto que no hay discusión abierta con los creacionistas, se enseña creacionismo en Argentina en colegios confesionales:

Cecilia Barone, del periódico del Consejo Superior de Educación Católica, asegura que en los colegios católicos "normalmente se da", aunque cómo lo da cada profesor y escuela es otro tema. "En general se dan también otras teorías como las del proceso de creación a partir de dios y el plan divino: en biología se da a Darwin y los otros, en clase de catequesis. Aunque a veces la profesora de biología explica que hay más de una teoría, la de Darwin se da." Viviana Dorfman, de Bamah (la casa del educador judío), plantea una situación parecida. "Las escuelas judías presentan por la mañana la currícula oficial y por las tardes las materias judaicas. Pero dentro de las escuelas hay distintas modalidades que tienen que ver con que la población sea más o menos religiosa, y ahí seguramente tenés diferencias en torno de la teoría de la evolución."[160]

Según el mismo artículo de *Clarín*, algunos aceptan por un lado la situación aunque, por otro, esgrimen razones

---

[159] "El nuevo uso político de dios: el auge de los creacionistas en EEUU: una maquinita de captar votos", *Crítica de la Argentina*, 25 de septiembre de 2008.

[160] "A doscientos años de su nacimiento Darwin sigue generando polémica", *Clarín*, 11 de febrero de 2009.

absurdas para dar cuenta de la ausencia de la evolución en las escuelas:

> Para Melina Furman, directora académica del posgrado de Enseñanza de las Ciencias de FLACSO y coordinadora del programa Ciencia y tecnología con creatividad, el tema pasa fundamentalmente por la formación docente. "Acá no hay tanta controversia religiosa como en EEUU pero la evolución se *enseña poco porque algunos docentes no están preparados en el tema* [habría que indicar cuál es la razón para esta falta de preparación], se sienten inseguros y muchas veces lo dejan para *el final de año* [y nunca se llega a tiempo]. Una de las dificultades es que *el pensamiento evolutivo es antiintuitivo* (sic). Si no estamos escolarizados somos adaptacionistas: echo Raid a las cucarachas y pienso que algunas no se mueren porque se adaptaron, pero eso es lo contrario a la evolución, que dice que las características ya están presentes y es el ambiente el que las selecciona.

Guardaré piadoso silencio sobre el penoso ejemplo. Pero señalar que la dificultad del pensamiento evolutivo radica en su carácter antiintuitivo resulta muy llamativo. ¿Hay algo más antiintuitivo que pensar que la Tierra se mueve vertiginosamente de dos formas simultáneamente; o algo más antiintuitivo que la fuerza de gravedad; o que la estructura del átomo? Habitualmente se achaca la causa del problema a la deficiente formación de los docentes, pero no se modifica en lo más mínimo la formación de los mismos. Las razones son políticas y hay que buscarlas en la enorme capacidad de *lobby* de los sectores religiosos dentro del sistema educativo. La realidad es que en provincias enteras de la Argentina no se enseña evolución, en los institutos de formación docente (una enorme porción de ellos confesionales, pero también en los oficiales) o bien no se enseña o bien se enseña como una parte más de la biología, de una forma lavada y con una carga horaria menor con relación a la importancia que tiene en el ámbito de las ciencias biológicas.

La estrategia más o menos extendida de la Iglesia católica consiste en plantear la compatibilidad entre el relato bíblico y la teoría de la evolución, en ocasiones extendiendo esta supuesta compatibilidad a ciencia/religión. Esta estrategia se manifiesta en la continua puja por establecer debates y reuniones en los cuales esto sea tratado como una posibilidad cierta y, aunque el debate sea completamente inconducente, la Iglesia católica que lo propone apunta no tanto a resolver una cuestión (a mi juicio insoluble) sino, como decíamos, a ser reconocida como interlocutor en un debate posible. En paralelo el PC reproduce y se presta (por distintas razones, seguramente) a ubicar las noticias sobre Darwin y el darwinismo en el terreno artificial de disputa que pretenden los grupos religiosos. Veamos algunos ejemplos.

En 2011 *Clarín*[161] publica un trabajo con un título que recuerda inequívocamente las cruzadas medievales: "Batallas por la verdad científica". La metáfora bélica asociada a la verdad. Allí se reitera el catálogo de argumentos estándar del DI acerca de la complejidad y se señala que en EEUU hay un debate entre darwinismo y DI en medios como *"USA Today, Newsweek, New York Times, Time"*. Lo que no explicita es que en ningún caso se trata de publicaciones científicas donde tal debate no existe. Finalmente se sostiene que en un país científica y tecnológicamente desarrollado como los EEUU, se dan discusiones de avanzada que los países subdesarrollados como el nuestro tardarían cierto tiempo en adoptar o incluso serían incapaces de hacerlo. A este respecto cabe señalar que, al menos en este aspecto, EEUU es uno de los países más atrasados del mundo occidental, además de contar con una enorme

---

[161]   "Batallas por la verdad científica", *Clarín*, 23 de febrero de 2011.

cantidad de grupos fundamentalistas con gran poder y peso político. Y un poco de especulación: ¿por qué el diario *Clarín* decide publicar una columna de opinión que con débiles y falaces argumentos sostiene la legitimidad del Diseño inteligente a sabiendas de que esto promueve la incorporación de fundamentos religiosos en la educación?

En un artículo de 2005,[162] *Clarín* incluye una infografía[163] en la cual hay dos cosas para señalar. En primer lugar un error al afirmar que las primeras especies en nuestro planeta "*aparecen en el Cámbrico*" y, en segundo lugar y lo más grueso: "La teoría de Darwin afirma que las especies no permanecen inmutables *desde la creación...*".

No se trata sólo de un artículo aislado. En febrero de 2009 *Clarín*,[164] a propósito de los 200 años del nacimiento de Darwin, instala desde el título el supuesto carácter "polémico" de la teoría de la evolución. Aunque es cierto que existe esa polémica en el nivel señalado, el artículo no sólo no deja en claro el carácter ideológico-político de la misma (lo que ameritaría, por ejemplo, un pequeño recuadro), sino que el peso de la nota se encuentra en el reconocimiento de ese debate. *Página 12*[165] se expresa en la misma línea al comentar la celebración de la Conferencia Internacional "*Biological Evolution Facts and Theories*" organizada por la Pontificia Universidad Gregoriana y la universidad estadounidense de Notre Dame. El autor no resiste la tentación de jugar desde el título ("Una evolución en la Iglesia") con la palabra "evolución". Sin embargo, equivocadamente, hace suponer que "evolución" es algo parecido a "progreso", lo cual, por lo menos desde el punto de la biología, es un error.

---

[162] "Los estudios que confirman la teoría de Darwin son el éxito científico del año", *Clarín*, 23 de diciembre de 2005.

[163] Tomada de Enciclopedia Básica Visual, Editorial Océano.

[164] "A doscientos años de su nacimiento Darwin sigue generando polémica", *Clarín*, 11 de febrero de 2009.

[165] "Una evolución en la Iglesia", *Página 12*, 4 de marzo de 2009.

Parece suponer también que la diferencia entre ciencia y religión es sólo cuestión de cierta inercia de esta última que la hace ser más lenta y refractaria a los cambios pero que con el tiempo podrían llegar a conciliarse. De hecho en la nota aparecen antecedentes como la declaración de Juan Pablo II de 1996 en el sentido de que "era más que una hipótesis" y que tenía "ciertos argumentos significativos a su favor". Y reforzando esta epistemología progresista ingenua sostiene que el episodio objeto de la nota se produce "quince años después del *primer paso* dado por Juan Pablo II". Cita palabras del cardenal William Levada, prefecto de la Congregación para la Doctrina de la Fe y del presidente del Pontificio Consejo de Cultura, monseñor Gianfranco Ravassi, quienes en el habitual tono cínico/ conciliatorio abogan por un *acercamiento entre ciencia y fe*. Ravassi agrega en un tono provocador que "hasta ahora, no hubo confrontación verdadera entre ciencia y religión". De hecho el encabezamiento de la nota es "Para el Vaticano, se puede creer en dios y en Darwin al mismo tiempo", lo cual daría lugar al debate que veníamos mencionando. El autor pasa por alto lo que en verdad es el objetivo de estas reuniones y congresos en línea con la estrategia de los grupos religiosos, al citar palabras de Ravassi quien "abogó porque en el futuro inmediato el problema del diálogo entre ciencia y fe se afronte incluso en el *plano didáctico, con lo que los adolescentes de las escuelas* podrían saber qué es la teología". Huelga señalar que, efectivamente, no hay nada objetable en saber qué es la teología, como no hay nada objetable en saber qué es la astrología, la magia negra, la física o la biología, salvo cuando el objetivo es adoctrinar dogmáticamente y en oposición a los grandes logros de la razón humana.

Esta contribución de los medios a la instalación de un debate inexistente en términos teóricos no se restringe sólo a los artículos de los diarios. La "Enciclopedia Esencial de la

Historia del Mundo" publicada por Clarín dedica parte de su número 24 a Darwin y aparecen expresiones como éstas:

- "La teoría de Darwin ha tenido gran influencia y una amplia difusión, pero el debate sobre el origen de la vida en la Tierra continua." Ya se ha señalado que la teoría de Darwin no es una teoría del origen de la vida pero la nota no indica que hay buenas teorías y cierto consenso científico acerca del origen de lo viviente.
- "La ciencia continuó sus esfuerzos para explicar el universo, mientras que el tema del *creacionismo es aún hoy motivo de debate.*"
- "Mucha gente aún duda de que formas de vida tan complejas como los seres humanos puedan haber sido *creadas* enteramente por un proceso natural y *prefiere la teoría alternativa del diseño inteligente.*"

La gráfica también acompaña este descentramiento del tema y el subtítulo "Ciencia contra religión" a mitad del artículo es del mismo tamaño que el título inicial "El origen de las especies". En el mismo sentido, una reproducción de "La creación de Adán" de Miguel Ángel del techo de la Capilla Sixtina del Vaticano tiene un lugar relevante.

En línea con lo que señalábamos más arriba, entre la enorme cantidad de eventos y artículos periodísticos realizados durante 2009,[166] no son una minoría los que ponen el acento en el problema de evolución vs. religión aunque casi nunca se destaca el carácter político e ideológico de la cuestión.

No es raro que esto suceda si se analiza una encuesta realizada por el *British Council* en varios países (Argentina, China, Egipto, India, México, Rusia, Sudáfrica, España, Gran Bretaña y EEUU), anunciada en Londres, en la reciente

---

[166]   Véase una lista bastante completa en http://darwin-online.org.uk/press. html.

Conferencia Mundial de Periodistas Científicos, acerca de la teoría de la evolución de Darwin. Los resultados, bastante previsibles, confirman (con variaciones entre los países) que la figura de Darwin y alguna referencia a su teoría forman parte del bagaje común de información científica de gran parte de la población, que la mayoría manifiesta algún grado de comprensión de la teoría, aunque cabe dudar sobre el nivel real de esa comprensión porque un alto porcentaje manifestó estar de acuerdo en la posibilidad de compatibilizar evolución y creación. El tercer grupo de preguntas de la encuesta ofrece las siguientes alternativas: 1) la vida en la Tierra, incluyendo la vida humana, fue creada por dios y ha permanecido así desde entonces; 2) la vida en la Tierra, incluyendo la vida humana, ha evolucionado en un proceso guiado por dios; 3) la vida en la Tierra, incluyendo la vida humana, evolucionó a lo largo del tiempo como resultado de la selección natural, en la cual dios no juega ningún papel; 4) tengo otro punto de vista sobre el origen de las especies y el desarrollo de la vida en la Tierra no incluido en esta lista y 5) no sé/no tengo un punto de vista sobre el origen de las especies y el desarrollo de la vida en la Tierra.

Sorprendentemente, el Dr. Fern Elsdon-Baker, director del programa "Darwin now", que hizo la encuesta sostiene que "es evidente que hay un espacio para el diálogo sobre estas complejas áreas del debate" como si el problema fuera debatible en términos democráticos para llegar a consensos. La encuesta muestra, una vez más, no tanto por las respuestas sino por las preguntas mismas, que la teoría de la evolución se ve sometida a debates no enfrentados por ninguna otra teoría científica. Es la única teoría científica que es cuestionada desde sectores no científicos y sobre la cual se atreven a opinar los no especialistas. Es la única teoría científica que se llegó a debatir en los tribunales e incluso en la Suprema Corte de los EEUU. Y, sobre todo, es la única teoría científica sobre la cual, en pleno siglo XXI, se ejerce algún nivel permanente de censura y de autocensura.

Con la teoría de la evolución se suelen cometer otros muchos errores por la incomprensión de que una de sus consecuencias más importantes es la eliminación de la idea de progreso en la naturaleza. La habitual iconografía que incluye una secuencia que comienza por un pequeño mono apoyado en su cuatro extremidades y que se va irguiendo, perdiendo el pelo, aumentando el tamaño de su cráneo y modificando su perfil hacia una frente más prominente y una mandíbula menos saliente connota sin decirlo una versión distorsionada de la teoría, porque inequívocamente la figura sugiere un cambio progresivo, lo cual está lejos de lo que sostiene la teoría de la evolución.

Un artículo de *Clarín*[167] parece un catálogo de los temas, los errores y las metáforas que venimos señalando:

> Si la conducta reproductiva humana es complicada se debe en parte a que *está pensada para* [¿quién pensó esto?] servir a dos objetivos en conflicto (…) *Nos hemos adaptado para* escoger ciertos tipos de parejas y cumplir los deseos del sexo opuesto. (…) La ilustración más conocida de la influencia invisible del perfume es la forma en que los ciclos menstruales de las mujeres que viven en comunidad tienden a sincronizarse. En un estado de vida salvaje, *es una excelente idea* [¿idea de quién?]. A una *tribu no le conviene* [nótese el lenguaje discriminatorio] que una mujer que está ovulando monopolice la atención reproductiva de demasiados varones. (…) es porque nuestro *sistema está cableado para* que nos cueste volver atrás una vez excitados.

En otra nota de *Clarín*[168] aparece nuevamente el recurrente error. Un investigador principal del CONICET

---

167 "Beso a beso", *Clarín*, 16 de marzo de 2008.
168 "Alerta por una 'superbacteria' muy resistente a los antibióticos", *Clarín*, 19 de septiembre de 2010.

señala: "Esta enzima *ha evolucionado para* reconocer a casi todos los antibióticos, hasta los de última generación". Un verdadero absurdo en términos biológicos. Expresiones como "nos hemos adaptado *para*" no hacen más que reforzar la errónea idea de finalidad en la evolución. Nada en la evolución es "para algo". Mucho más fuerte son las expresiones "está pensada para" o "es una excelente idea". La evolución no se rige por el pensamiento ni las ideas de nadie.

A veces hay veladas referencias a un diseñador inteligente. De lo contrario no se entiende el párrafo siguiente en el cual hay dos opciones: o nuestros antepasados simios próximos han sido conocedores de los mecanismos de reproducción y profilaxis apenas irrumpieron en la faz de la Tierra o bien han sido *pensados para* funcionar de determinadas maneras:

> Las costumbres culturales que advierten contra el sexo en la primera cita probablemente *hayan surgido de razones prácticas como evitar el embarazo o las enfermedades de transmisión sexual, pero también tienen razones tácticas. Un hombre o mujer que ofrece voluntariamente sus servicios para hacer bebés con demasiada libertad puede no estar ofreciendo genes muy valiosos.*

En la misma línea, *Clarín*[169] recoge un trabajo del "doctor William Hamilton, un teórico evolucionista de la Universidad de Oxford" que asegura haber averiguado "*para qué sirven* los machos de todas las especies". El trabajo parece ser del estilo adaptacionista sociobiológico más o menos corriente. Digo parece ser porque el tono irónico y burlón en que está escrita la nota no deja muy claro lo

---

[169]   "Para qué sirven los machos de todas las especies", *Clarín*, 10 de enero de 1998.

sustancial. Pues bien, los machos de todas las especies sirven "para combatir los parásitos" (sic).

Como se ve, las expresiones teleológico-religiosas son más comunes de lo que se supone. En un artículo de *Clarín*[170] ya citado en el capítulo anterior se puede leer: "La *programación genética* de los seres humanos es tan delicada". En todo caso no es ni más ni menos delicada que la de cualquier bicho o planta que anda por ahí, pero la idea de "programación" en línea con la metáfora del programa tan corriente en genética remite, en los términos que expresa el artículo, inmediatamente a un programador.

Clarín[171] anuncia que "el cerebro puede estar todavía evolucionando" lo cual sería toda una novedad porque "hasta ahora se creía que este órgano había detenido su desarrollo hace 50.000 años. Descubrieron que dos genes que determinan su tamaño siguieron modificándose". Habría que señalar al menos dos cosas. Los seres vivientes (incluido el hombre) están sujetos a la evolución en forma permanente por lo cual pensar que la evolución se había detenido resulta un despropósito, más allá de que alguna especie u órgano no presente cambios a lo largo de mucho tiempo, porque evolución no significa cambio permanente. En segundo lugar, nótese que identifican evolución del cerebro con crecimiento de su tamaño.

Clarín[172] se pregunta en tono desafiante si se acelera la evolución humana, a partir de un estudio de dudosa factura y credibilidad de "un equipo de científicos de cuatro universidades y una empresa de los EEUU". No se entiende en qué consistió tal estudio, pero fue realizado en ¡296 personas! y sacaron como conclusión que se acelera

---

[170] "Aseguran que existe un gen del lenguaje", *Clarín*, 20 de octubre de 2001.
[171] "Afirman que el cerebro puede estar todavía evolucionando", *Clarín*, 9 de octubre de 2005.
[172] "¿Se acelera la evolución humana?", *Clarín*, 13 de diciembre de 2007.

la evolución humana. No faltan algunos equívocos como por ejemplo usar el concepto de "adaptación" aplicado a los individuos, cuando ese concepto debe aplicarse a las poblaciones o a las especies; o que "al menos el 7% de los genes lleva la *marca*" de la "presión de la selección natural", afirmación que no tiene ningún sentido en biología.

En el ya citado artículo de 2005,[173] *Clarín* anuncia que los estudios que confirman la teoría de Darwin son el éxito científico del año. Es curioso, porque la teoría de la evolución ha sido confirmada en innumerables ocasiones antes de ahora. De hecho el mismo diario *Clarín*[174] unos cuantos años antes había anunciado que "los genes le dieron la razón a Darwin" a propósito de un estudio publicado en la revista de la Academia Nacional de Ciencias de los EEUU (no se dice ni quién lo hizo ni de qué institución), según el cual los pinzones de las Galápagos descienden de una única especie ancestral. El artículo termina diciendo que los biólogos "confirmaron que, como Darwin supuso, la evolución es un proceso continuo y sin fin". No se dice cómo se confirma semejante apreciación acerca de la historia completa de la vida en la Tierra a partir del análisis de los pinzones.

La Nación[175], en un artículo donde se comenta el hallazgo de un ecosistema aislado por noventa millones de años, indica que esa zona es comparable "con las islas Galápagos pues, al igual que en éstas, sus criaturas se han mantenido al margen de la evolución que afectó al resto de seres". Nuevamente el error de creer que hay especies que pueden mantenerse al margen de la evolución y pensar que la estabilidad de algunas especies (de hecho hay mu-

---

[173] "Los estudios que confirman la teoría de Darwin son el éxito científico del año", *Clarín*, 23 de diciembre de 2005.
[174] "Los genes le dieron la razón a Darwin", *Clarín*, 3 de agosto de 1999.
[175] "Especies vivas de hace 90 millones de años", *La Nación*, 15 de marzo de 2008.

chas que no han variado en decenas de millones de años) es una señal de esa suspensión de la evolución. Las islas Galápagos no se han mantenido al margen de la evolución, sino que mantenían algunas condiciones particulares de aislamiento geográfico y, al menos hasta la primera mitad del siglo XIX, ausencia relevante de la influencia humana.

Quizá un caso extremo de errores groseros acerca de la evolución sea un artículo aparecido en la web.[176] Ya desde el título se dice que los "seres humanos siguen evolucionando" lo cual, como decíamos, es una trivialidad. Pero no sólo eso, sino que han podido prever que "las mujeres serán más bajas y regordetas". Uno se pregunta cómo habrán hecho, teniendo en cuenta que, justamente, uno de las características fundamentales de la teoría de la evolución por selección natural es la imposibilidad de predicciones relevantes. Pero lo más interesante es que estos "investigadores de la Universidad de Yale", en EEUU, analizaron los efectos de la selección natural en *dos generaciones de mujeres* contemporáneas. Sí, estimado y sufrido lector, ¡la selección natural en *dos* generaciones! Un verdadero disparate.

Otro de los grandes equívocos acerca de la teoría de la evolución se refiere a la supuesta existencia de los "eslabones perdidos" en la escala evolutiva, obviamente en el caso más interesante: el del linaje humano. Un tópico de la discusión acerca de la evolución está referido a la "imperfección del registro fósil" (en palabras del propio Darwin que le dedicó extenso tratamiento en *El Origen*) que mostraba "huecos" en los cuales no aparecían los registros intermedios entre una especie/variedad y otra. Darwin se adelantaba así a posibles objeciones a su teoría respondiendo a un debate de la época y lo atribuyó, con

---

[176]   "Los seres humanos siguen evolucionando: las mujeres serán más bajas y regordetas", *Yahoo*, 4 de noviembre de 2009.

buen criterio, a la dificultad de que se preservaran a lo largo de millones de años esos huesos u otras formas fosilizadas. Este supuesto problema es el caballito de batalla de los creacionistas de ayer y de hoy pero hay que decir que existe más que abundante evidencia fósil que apoya la teoría de la evolución y que lo que muestra ese registro es justamente una prueba fuerte a favor de la evolución. Más bien, lo que constituiría una sólida evidencia en contra de la evolución sería el descubrimiento de algún fósil ubicado en un estrato geológico equivocado. Como dijo J. B. S. Haldane cuando le pidieron que nombrara un hallazgo que pudiera desacreditar la teoría de la evolución: "¡Fósiles de conejo del período Precámbrico!". Huelga señalar que no se ha descubierto ningún fósil anacrónico de ningún tipo.

La expresión "eslabón perdido" se puso de moda a fines de la época victoriana en Inglaterra y continuó vigente durante el siglo XX y básicamente se refería a que no existía un eslabón vital entre los humanos y otros primates. El tragicómico *affaire* del "hombre de Piltdown"[177] es un caso en ese sentido. La búsqueda de ese eslabón perdido se convirtió en un tópico de la vulgarización científica e incluso del trabajo científico. El malentendido consistía en tratar de encontrar, por ejemplo, algo así como un ser que morfológicamente fuera mitad humano y mitad chimpan-

---

[177] En Piltdown (Inglaterra), en 1912, un obrero localizó en una cantera un cráneo parcial (claramente humano), un diente y una mandíbula (prominente y simiesca) y se los entregó a un arqueólogo aficionado, Charles Dawson, quien se encargó de presentarlo en la Sociedad Geológica de Londres. Enseguida causó impacto porque respondía a la idea corriente en la época del eslabón perdido. Toda la comunidad científica discutió acaloradamente durante un tiempo hasta que se determinó que, en realidad, los dientes correspondían a un orangután, el diente suelto a un mono y el cráneo a un humano. Nunca se supo exactamente quién había sido el autor de esta broma/fraude, aunque hay varios sospechosos. Véanse al respecto Di Trocchio, 2007 o Gould, 1983, cap. 16.

cé. Lo cierto es que esto no es posible, aunque sí existen numerosos fósiles intermedios que vinculan a los humanos modernos con los ancestros que tenemos en común con los chimpancés.

A despecho de esto, la idea de "eslabón perdido" aún sigue ejerciendo cierta fascinación. En mayo de 2009 una gran puesta en escena mediática fue cubierta por los suplementos científicos en todos lados. *Clarín*[178] juega en el título ("Un primate de 47 millones de años, cerca de la idea del 'eslabón perdido'") con dos errores: uno por la equívoca expresión "eslabón perdido" y el otro porque señala que "ayudaría a explicar la teoría de Darwin". De cualquier manera tanto en este artículo de *Clarín* como en una nota similar aparecida en *La Nación* en la misma oportunidad se reproducen testimonios, no en cuanto a lo significativo del hallazgo (un fósil casi completo y en buen estado de conservación) sino en cuanto a su ubicación en la línea del linaje de los primates y los humanos. Quizá un recuadro aparecido en la cobertura que hace *La Nación*, tomado del *The New York Times* aclare el punto:

> NUEVA YORK (The New York Times). La presentación del fósil de 47 millones de años de antigüedad es la primera escala en un lanzamiento mediático comercial orquestado por científicos y el *History Channel*. Incluye una película con los detalles de los dos años de estudio, que se mantuvieron en secreto, la presentación de un libro y acuerdos de exclusividad con el canal *ABC News* y un sitio en Internet. "*Cualquier banda de rock hace lo mismo. Tenemos que empezar a pensar igual en la ciencia*", afirmó Jorn Hurum, el científico de la Universidad de Oslo que adquirió el fósil y reunió el equipo que lo estudió.

---

[178] "Un primate de 47 millones de años, cerca de la idea del 'eslabón perdido'", *Clarín*, 20 de mayo de 2009.

4. La fantasía tecnocrática de la genética y la eugenesia actual

Retomaremos aquí un tema que quedó pendiente y latente de secciones anteriores, relacionado con la evolución, la genética y la fantasía tecnocrática que envuelve al mundo actual y, por supuesto, se ve ampliamente reflejado en el PC.

Como ya se ha señalado, el costado terapéutico de la genética y las investigaciones de las neurociencias destinado a resolver enfermedades importantes está siempre presente en el PC, sea como posibilidad cierta a corto plazo, sea como mera especulación acerca del futuro. Seguramente los indudables logros de los últimos tiempos en este aspecto se tensionan en la frontera con lo deseable, pero sobre todo contribuyen a la fantasía, en muchos casos infundada, sobre lo posible. En este sentido, está siempre presente la mentalidad tecnocrática consistente en manipular genéticamente aspectos importantes de la vida, cuya versión políticamente negativa e inquietante parecería llevar a "fabricar" humanos con tales o cuales características, y su versión más doméstica y romántica, pero no menos inquietante, de tener "hijos a medida".

Esta posibilidad, cierta o irreal, hizo que muchos alertaran sobre el riesgo de reeditar la eugenesia de la primera mitad del siglo XX, es decir la selección artificial de los considerados mejores en detrimento de los considerados inferiores. En otro lado (Palma, 2005) he caracterizado a la eugenesia como un *programa interdisciplinario en el cual estuvo comprometida la comunidad científica internacional desde los últimos años del siglo XIX hasta, por lo menos, mediados del siglo XX,*[179] *y cuyo objetivo era el mejoramiento/*

---

[179] Véanse entre otros Paul, 1946; Álvarez Peláez, 1985, 1988; Chorover, 1979; Gould, 1996; Kevles, 1995; Stepan, 1991; Romeo Casabona (ed.),

progreso evolutivo de la humanidad o de grupos humanos por medio del conocimiento científico y a través de la implementación de diversas tecnologías sociales y políticas públicas. Las principales tecnologías sociales utilizadas o pregonadas por los eugenistas fueron: la obligatoriedad del certificado médico prenupcial, el aborto eugenésico, el control diferencial de la natalidad, la esterilización o la castración de individuos o de grupos determinados y las restricciones a la inmigración, la tipificación y la clasificación de la población escolar.

Habitualmente se relaciona directamente la eugenesia con la Alemania nazi, pero el movimiento eugenésico no sólo es previo al nazismo sino que se extendió rápida y generalizadamente a casi todo el mundo occidental.

La historia de la eugenesia es relativamente larga, pero puede decirse que hay un primer momento preparatorio de desarrollo conceptual y de creciente consenso científico/ médico, político e ideológico que va desde las primeras formulaciones de Galton en la década del sesenta del siglo XIX hasta los primeros años del siglo XX. Un segundo periodo, que llamaré Eugenesia Clásica (en adelante EC), comienza en 1911, año en que se funda en Londres la primera sociedad eugenésica, cuyo primer presidente fue uno de los hijos de Darwin –Leonard– que en 1912 organizó el primer Congreso Eugénico Internacional, y termina alrededor de la Segunda Guerra Mundial. Se trata del periodo de apogeo en el cual prácticamente todos los países occidentales formaron instituciones eugenésicas que a su vez constituyeron asociaciones internacionales de largas y profusas ramificaciones y que realizaron una enorme cantidad de reuniones científicas en todo el mundo. Todas las

---

1999; Glick, Puig-Samper y Ruiz (ed.), 2001; Vallejo y Miranda, 2007, 2010; Miranda y Vallejo, 2005, 2008; Miranda y Girón Sierra, 2009; Palma, 2005; Cecchetto, 2008

publicaciones biológicas y médicas especializadas recogían propuestas, textos, estudios y referencias a los progresos en la materia. Luego de la Segunda Guerra Mundial[180] el movimiento eugenésico se fue debilitando, en buena medida como resultado de las atrocidades cometidas por el nazismo, y fue derivando en propuestas más restringidas a cuestiones médico-sanitarias (sobre todo profilaxis del embarazo y cuidados del bebé y del niño pequeño, condiciones higiénicas de la vivienda, etc.).

En toda Europa proliferaron las instituciones eugenésicas:[181] en 1912 se fundó el Comité Eugenésico de La Haya, transformado ocho años más tarde en la Sociedad de Eugenesia; también en 1912, la Sociedad Italiana de Genética y Eugenesia; en 1913 se funda la Sociedad Eugénica de Francia, la Sección de Eugenesia del Instituto Internacional de Antropología de París, la Federación de Sociedades Rumanas de Eugenesia y la Sociedad Catalana de Eugenesia; en 1934 se realizó en Zurich un Congreso Internacional de Eugenesia. Suecia y Rusia tenían también sus sociedades eugénicas; incluso funcionó una Sociedad Eugénica Hindú.

También América Latina se hizo eco de los ideales y de las propuestas eugenésicas. En 1917, impulsada por Renato Kehl, se fundó la Sociedad Eugénica de San Pablo, la primera en Brasil y en Latinoamérica. En 1931 se funda en México la Sociedad Mexicana de Eugenesia; en Cuba, Domingo Ramos desarrolló la difusión y la práctica de la eugenesia

---

[180]   Kevles (1995) llama "reformista" al tipo de eugenesia que surge, ya en la década del veinte, como resultado de los excesos (esterilizaciones, el racismo exacerbado de muchos de sus defensores), y que se afianza luego de la experiencia de la guerra. Miranda (2003), aunque refiriéndose al caso argentino, acuña dos conceptos que caracterizan dos etapas de la eugenesia: "de coercitividad explícita" y "de coercitividad disimulada". Véase también Soutullo (1999).

[181]   Véanse entre otros Massin Benoït, 1991; Thuillier, 1988; Kevles, 1986; Stepan, 1991.

en estrecha relación con sus pares norteamericanos;[182]
en Perú se desarrolló en 1939 la Primera Jornada Peruana
de Eugenesia. La Argentina fue líder en la eugenesia lati-
noamericana junto con Brasil. Ya había enviado en 1916
delegados al 2° Congreso Internacional de Eugenia ce-
lebrado en New York, pero desde el punto de vista de su
institucionalización el primer hito importante se remonta al
año 1918 en el cual el Dr. Víctor Delfino fundó la Sociedad
Argentina de Eugenesia de corta existencia y nula actividad.
Poco tiempo después, en 1921, el Dr. Alfredo Verano crea
la Liga Argentina de Profilaxis Social; finalmente, en 1932,
Arturo Rossi en estrecha colaboración y por inspiración del
médico fascista italiano Nicola Pende, funda la Asociación
Argentina de Biotipología Eugenesia y Medicina Social,
que publicó por más de una década, y quincenalmente,
los "Anales". La Asociación tenía su propio hospital, un
instituto de capacitación y una gran influencia en la política
nacional. Todas estas instituciones, por su parte, estaban
afiliadas a la Federación Internacional Latina de Sociedades
de Eugenesia, con sede en París y bajo cuyos auspicios se
realizó, en agosto de 1937, el primer Congreso Latino de
Eugenesia. En América se realizaron tres Conferencias
de Eugenesia y Hominicultura, la última de las cuales se
celebró en Bogotá en 1938.

Todas estas asociaciones resultan de la consolida-
ción, en algunos casos tras décadas de esfuerzos, de los
ideales eugenésicos. Para 1930, la provincia canadiense de
Alberta (para los "alcohólicos incorregibles"), Dinamarca y
Finlandia habían aprobado leyes de esterilización siguiendo
la experiencia estadounidense (Lafora, 1931). En Suecia, se
aprobó en 1934 una ley, propuesta por los socialdemócratas,
que obligaba a esterilizar a las personas incapacitadas de
educar a sus hijos. En 1941 la ley de esterilización incluyó a

---

[182]   Véase García González y Álvarez Peláez (2007).

los "asociales" y a los "indeseables": desde madres de varios hijos hasta jóvenes con problemas de conducta, internados en correccionales. Uno de los países líderes en el movimiento eugenésico fue EEUU. Allí, en 1910 se creó la Oficina de Informes Eugenésicos, que reunía científicos de diversos campos para estudiar, informar y recomendar medidas de carácter público en asuntos concernientes a su común objetivo. Los EEUU se convirtieron en la primera nación de la época moderna donde se promulgaron y aplicaron leyes en las que se promovía la esterilización eugenésica en nombre de la "pureza de la raza". En Indiana en 1907, dada la importante inmigración negra y el incremento de la pobreza en las ciudades en crecimiento, se aprobó una ley que restringía la inmigración y promovía la esterilización de los "inadaptados sociales". Siete estados más de los EEUU promulgaron en los años siguientes leyes de este tipo y, en 1915, doce estados habían legislado en este sentido. Algunas leyes de esterilización como la de Virginia tuvieron vigencia desde 1924 hasta 1972 y permitieron la realización de 7500 operaciones en hombres y mujeres blancos y en niños con problemas de disciplina, sobre la base de una supuesta debilidad mental, conducta antisocial o imbecilidad, de acuerdo con los rasgos establecidos por los tests de CI.[183] Hasta aquí lo que podríamos llamar eugenesia clásica (EC).

En la actualidad, el creciente desarrollo de la genética y de las tecnologías asociadas a la reproducción humana hace que muchos fantaseen con la posibilidad, y de ahí la discusión sobre la legitimidad, de modelar la configuración genética de los seres humanos. En el estado actual del desarrollo científico-tecnológico se puede hacer mucho menos de lo que los científicos y el PC supone posible, y

---

[183]   Sobre la relación entre los tests de CI y su relación con la eugenesia véanse Chorover, 1979 y especialmente Gould, 1981 y Taylor, 1980.

seguramente las reglas mismas del funcionamiento biológico impidan cumplir con buena parte de las fantasías
circulantes. De todas formas, parece accesible, y en el futuro
seguramente lo será en mayor medida, la posibilidad de
interferir de manera significativa -con algún costo evolutivo
difícil de ponderar- sobre nuestra descendencia. En este
contexto, resurge el fantasma de la eugenesia ahora bajo
la denominación de eugenesia "actual" o también "liberal".
Aquí es necesaria una breve digresión.

Una de las formas más importantes en el debate que
nos ocupa producto del maridaje entre tecnologías de
intervención genética y medicina reproductiva es el diagnóstico preimplantatorio (DPI). El DPI (véase Testart y
Godin, 2001) permite analizar las condiciones cromosómicas y ciertas características genéticas en embriones
obtenidos por fecundación *in vitro*. Como este análisis se
realiza antes de que el embrión sea transferido al útero
ofrece la posibilidad de seleccionar cuáles de ellos serán
utilizados, abriendo el camino a un proceso de selección
que puede derivar en una interferencia de carácter eugenésico. Debe realizarse en primer lugar un tratamiento
de fecundación *in vitro*. En estas condiciones, después de
la fecundación el cigoto humano se divide aproximadamente cada 24 horas de manera que, 3 días después de la
obtención de los óvulos, los embriones tienen una media
aproximada de 8 células o blastómeros. En ese momento
se extrae mediante una fina micropipeta (35 micras) 1 o
2 blastómeros sin que esto influya negativamente en el
desarrollo embrionario posterior. Esta técnica, conocida
como biopsia embrionaria, permite obtener una pequeña
muestra de cada embrión para luego analizarla mediante
técnicas muy especializadas de citogenética y biología
molecular. De esta forma es posible analizar anomalías
cromosómicas numéricas, como por ejemplo la presencia
de 3 cromosomas 21, responsables del síndrome de Down.

También permite el estudio de anomalías cromosómicas estructurales, sobre todo translocaciones. Incluso pueden identificarse los cromosomas sexuales X e Y y así determinar el sexo de los embriones, lo cual tiene importancia respecto de enfermedades ligadas al sexo, debido a que los alelos responsables se encuentran en el cromosoma X. También es posible amplificar secuencias específicas de ADN, en las que la presencia de una mutación podría desencadenar una enfermedad de origen génico. Se han descrito varios miles de enfermedades de origen génico, como son la fibrosis quística, la distrofia miotónica, la enfermedad de Tay-Sachs, la beta-talasemia, la anemia falciforme, la enfermedad de Huntington, etc. Estas técnicas de análisis cromosómico o genético permiten un diagnóstico muy rápido, que oscila entre las 3 y las 48 horas según los casos, compatible con el tiempo máximo de desarrollo embrionario *in vitro*. De esta manera se pueden mantener los embriones en cultivo hasta que se obtienen los resultados y así seleccionar embriones que se desean transferir al útero materno.

Las técnicas de DPI ofrecen la posibilidad cierta de detectar y, a través de la selección embrionaria, eliminar enfermedades graves, pero, al mismo tiempo, permiten pensar que se trataría de la antesala de una nueva eugenesia selectiva (véase Habermas, 2001). Cabe aquí reparar en una distinción tradicional entre eugenesia negativa y eugenesia positiva. Si bien las prácticas del DPI están dirigidas fundamentalmente por una *lógica terapéutica* o de la *curación* (es decir una eugenesia negativa) y no por la promoción positiva de la reproducción de ciertos individuos portadores de caracteres reconocidos como deseables o "superiores", no parece haber impedimento alguno para desplazarse sin solución de continuidad desde un tipo de selección al otro. Tampoco debe olvidarse que el concepto de "enfermedad" ha resultado contextual y fuertemente variable; de hecho los alegatos a favor de la eugenesia se han basado casi siempre en la eliminación de lo "inferior" y lo "patológico".

Como quiera que sea, la EC se caracterizó *por realizarse a través del desarrollo de políticas públicas, por ser el resultado de acciones ejercidas de manera coactiva y por responder a pautas de selección de grupos definidos (con el objetivo expreso de incidir evolutivamente)*. En cambio, la EA se caracteriza por la *privacidad*, la *voluntariedad* y la *no discriminación*. En efecto, la EA es en principio un producto de decisiones *privadas*, individuales o familiares, sobre tratamientos terapéuticos, aunque esa decisión puede tener, sin ninguna duda, profundas implicancias para la vida futura del afectado porque se realiza con la finalidad de influir sobre la transmisión de características genéticas a la descendencia; son acciones *libres* y *voluntarias* de los potenciales padres afectados, sin depender de ningún poder del Estado; es *no discriminatoria* de grupos o de sectores de la población, es decir, son prácticas que no están dirigidas a seleccionar grupos de población específicos y, por lo tanto, no tienen como objetivo explícito incidir evolutivamente, sino que sólo pretenden tener alcances individuales. Puede objetarse a este argumento que las decisiones que parecen ser tomadas libre y voluntariamente, en realidad están fuertemente condicionadas por las circunstancias, y que los modelos impuestos culturalmente –seguramente conectados a la posibilidad, real o imaginaria de obtener ventajas para el éxito social futuro– ejercen una gran presión sobre la elección de los rasgos deseados por parte de los futuros padres. Incluso la desigualdad en las posibilidades económicas de acceso a terapias génicas y a manipulaciones sobre la descendencia así como a la información sobre la portación de una dotación genética proclive a adquirir o a desarrollar ciertas patologías puede desembocar en la discriminación de ciertos grupos, a partir de, por ejemplo, la exclusión o la limitación en la cobertura o en los seguros médicos y en el acceso al trabajo.

Independientemente de la elucidación semántica, historiográfica y epistemológica acerca de las diferencias entre EC y EA, vale la pena afinar un poco más el análisis, ya que son formas de una biopolítica que permanece, más allá de los cambios de prácticas y tecnologías.

En este juego de diferencias y semejanzas lo primero que aparece es que la eugenesia sigue siendo un problema real aunque de signo diferente. El autoritarismo del Estado propio de la EC puede ser suplantado por el autoritarismo del mercado. En efecto, el problema parece haber dejado de ser la intervención autoritaria del Estado en decisiones reproductivas y ahora el riesgo es, justamente, que el Estado no intervenga dejando a la libertad de mercado las decisiones. Ante este riesgo cierto (algo similar ocurre con otro tipo de intervenciones médicas y biológicas posibles) suelen alzarse pomposas invocaciones para imponer barreras éticas. Sin embargo los que defienden la posibilidad de una EA también lo hacen desde una ética basada, en este caso, en los derechos individuales. Sostienen que no sería más que el ejercicio del derecho que tienen los padres de velar por el bienestar de sus hijos y que no difieren mayormente de otras decisiones como por ejemplo la elección de la educación que consideran más adecuada. La evaluación se hace siempre sobre la posibilidad –cierta o fantástica, da lo mismo– de generar individuos exitosos socialmente o cuando menos individuos cuyas condiciones biológicas los pongan en ventaja con respecto al resto. Pero a esta ética que permite, como decíamos, suele oponérsele otra que se levanta como la búsqueda de límites[184] a las posibilidades de producir *seres humanos a medida*. Se piense lo que se piense de las justificaciones éticas, a favor o en contra de la EA, se está cometiendo, a mi juicio, un error fundacional al plantear desde la misma actitud indi-

---

[184]   Sobre esta discusión véanse Habermas, 2001; Singer, 2002 y Cortina, 2002 y 2004.

vidualista exacerbada tanto la legitimación como los límites. Levantar barreras éticas es, en todo caso, sumamente útil y necesario, pero pensar que ésos son los límites que van a frenar la proliferación de la actividad eugenésica –insisto, este argumento podría generalizarse a otras intervenciones biomédicas– es una ingenuidad. El levantamiento de barreras éticas no sólo es uno de los –generalmente estériles– caballitos de batalla de las religiones, sino que parece más bien la concesión y los dudosos límites que el pensamiento neoliberal está dispuesto a tolerar con tal de anular la intervención efectiva del Estado. *El riesgo actual no es tanto la avanzada omnipotente del Estado sobre los individuos sino más bien su ausencia en la regulación de ciertas prácticas que quedarían en tal caso en manos del mercado.*

En el fondo se trata de la misma trampa práctico-discursiva: confundir diversidad biológica (genética) con desigualdad humana. Buena parte de las ciencias biomédicas del siglo XIX confundieron ambos aspectos y trataron de justificar y legitimar la desigualdad a partir de la diversidad (de inteligencia, volumen y otras medidas del cráneo, criminalidad innata, etc.). Pero la trampa conceptual funciona también en sentido inverso, y también cometen el mismo error quienes esperan encontrar una biología políticamente correcta[185] que pretenda fundar la igualdad desconociendo la diversidad o minimizándola. Se trata de dos ámbitos de problemas que, si bien conceptualmente

---

[185]   Sólo un par de ejemplos: el Proyecto Gran Simio (PGS) surgido en Europa en 1993, que publicó la Declaración de los Grandes Simios Antropoideos, ya bajo el eslogan "La igualdad más allá de la humanidad", proponía ampliar la comunidad moral de los iguales al grupo zoológico de los grandes simios (chimpancés, bonobos, gorilas y orangutanes) apoyado en que son parientes cercanos; hace algunos años el genetista Sante Paabo del Instituto Max Planck de Antropología Evolutiva de Leipzig señalaba en la prestigiosa revista *Nature*, refiriéndose al concepto de "raza", que "no están caracterizadas por diferencias genéticas fijas", pretendiendo dar con esto una respuesta biológica a un problema histórico y sociológico.

pueden solaparse en alguna medida difícil de determinar, y de hecho la confusión se ha dado históricamente, es necesario distinguir claramente. Ya en 1952, la UNESCO había alertado sobre esto: "la igualdad de oportunidades y la igualdad ante las leyes, al igual que los principios éticos, no reposan en manera alguna sobre el supuesto de que los seres humanos están de hecho igualmente dotados". Para bien o para mal, la justicia social y la redistribución de la riqueza sigue siendo (y presumo que lo seguirá siendo en el futuro) un problema político y no biológico.

Volvamos al PC que transmite y alimenta claramente la idea del hijo a medida, por detrás de lo cual, muchas veces, hay un negocio de corto alcance. *La Nación*[186] anuncia que una clínica de los EEUU ofrece "niños a la carta":

> Para obtener el niño a la carta, la clínica se basaría en el denominado diagnóstico genético preimplantacional, utilizado hasta ahora con fines puramente médicos y consistente en la selección de embriones para eliminar la carga genética de determinadas enfermedades hereditarias.

Aquí también el título distorsiona el contenido. Nótese la diferencia entre la expresión "a la carta" que sugiere la posibilidad de elección libre y amplia y la técnica del DPI ya explicada más arriba. También *La Nación*[187] anuncia que una tienda de Soho ofrece tests genéticos para detectar la predisposición a 18 enfermedades. Por sólo 149 dólares se ofrecen tests genéticos para predecir aptitudes deportivas.[188] El testimonio que sigue no tiene desperdicio:

---

[186] "En los EEUU, una clínica ofrece 'niños a la carta'", *La Nación*, 3 de marzo de 2009.

[187] "Una tienda del Soho ofrece tests genéticos", *La Nación*, 14 de abril de 2008. La misma noticia apareció en Clarín, el 10 de abril de 2008 bajo el título "Un análisis de ADN, de oferta en Nueva York".

[188] "Para chicos de menos de ocho años. Ofrecen tests genéticos para predecir las aptitudes deportivas", *La Nación*, 1 de diciembre de 2008.

Cuando Donna Campiglia supo que un análisis genético podría determinar qué deporte era el mejor para los talentos naturales de su pequeño hijo Noah, de *2 años* (sic), inmediatamente preguntó dónde lo hacían y cuánto costaba. "Me imaginé que algunas personas pensarían que el test condenaría a su hijo a realizar menos actividades deportivas, pero aun así creo que es bueno encontrar *la actividad que les conviene*", dijo Donna (36) mientras miraba una clase de fútbol para preescolares en una cancha del Boulder Indoor Soccer, donde Noah [¡de dos años!] recibía indicaciones del entrenador en los entretiempos para tomar jugo o ir al baño. "Creo que ayudaría en gran parte a *evitar la frustración de los padres*", agregó. Aquí, en Boulder, donde el deporte es una obsesión para muchos padres, la empresa Atlas Sports Genetics les ofrece un análisis por 149 dólares que promete predecir las capacidades deportivas naturales de los chicos. (...) para algunos padres es el camino hacia una beca universitaria o una carrera deportiva profesional. Los ejecutivos de la empresa Atlas admiten que el análisis que ofrecen posee limitaciones, pero sostienen que puede servir como una guía para que los chicos empiecen la práctica de un deporte. La empresa apunta a analizar a chicos de hasta 8 años.

No haré comentarios sobre las ansiedades de la señora Campiglia, ni sobre la libertad, la felicidad y el juego de nuestros hijos. Ni sobre la enorme diferencia que suele haber entre aptitud y gustos o preferencias personales. Ni siquiera sobre la absoluta imbecilidad de dar una clase de fútbol a niños de dos años: cualquiera que intente que su hijo juegue a algo parecido al fútbol –imagino que con otros deportes pasará algo similar– a esa edad comprobará que se trata de algo imposible. Sólo llamaré la atención sobre la fantasía científica según la cual la genética tiene algo para decirnos al respecto.

Siempre, claro está, aparece el costado terapéutico de la cuestión, que en la medida en que resulta exitoso para detectar la predisposición a un grupo relativamente

importante de enfermedades, contribuye a extender om-
nipotentemente la idea un gen/un rasgo.[189] La fantasía
tecnocrática acerca de las posibilidades del genoma son
moneda corriente: "Éste será el principal instrumento
médico del futuro", declaró por teléfono a la agencia EFE
el médico Jonathan Rothberg.[190] Un aspecto, no relacionado necesariamente con la genética, que subyace a estas
consideraciones terapéuticas, es el apoyo no menor que el
PC presta a las nuevas formas de medicalización, menos
ideológicas y más pragmáticas que las formas tradicionales.

5. Metáforas

Retomemos por un momento la cuestión de las metáforas. Ya hemos señalado el particular carácter que aquí
le damos. Además de su papel cognitivo, está claro que las
metáforas no son inocentes y de hecho el tipo de metáforas
que se elige arrastra consigo una serie de connotaciones
que en el nuevo ámbito de aplicación constituye, al menos,
un riesgo interpretativo. Veamos un caso.

Hay una metáfora poco feliz en genética: la "Eva mitocondrial". Habría sido una mujer africana que, en la evolución humana, correspondería al ancestro común más
reciente femenino que poseían las mitocondrias, de las
cuales descienden todas las mitocondrias de la población
humana actual. Toda la población de *homo sapiens* tendría como antepasado a esta mujer de hace unos 150.000
o 200.000 años que, y aquí la metáfora puede conducir a
equívocos graves, convivía con otros cientos o miles de

---

[189]   "Dos familias piden seleccionar embriones libres de cáncer", *Clarín*, 6
        de noviembre de 2008.
[190]   "Paso decisivo hacia un genoma personalizado", *Clarín*, 18 de abril de
        2008.

mujeres cuyo linaje, si la teoría es correcta, se cortó en algún momento. El ADN mitocondrial de distintas etnias de distintas regiones parece tener secuencias comunes que llevaron a postular esta teoría. Decía "poco feliz" porque es una metáfora bíblica que, en realidad, va en contra de los fundamentos de la teoría evolutiva. Para quien piense que exagero, remito a *Clarín*[191] a un artículo en el cual se comenta la controversia entre la teoría del multirregiona-lismo (respaldada por el análisis del material genético del núcleo) y la teoría de la Eva mitocondrial (respaldada por el análisis del material genético mitocondrial). Hasta ahí muy bien, pero el artículo señala (sin aclarar en ningún otro lado la expresión "Eva mitocondrial" ni su contenido) que el análisis de la mitocondria "hace suponer que la *Teoría de Eva* (sic) es la correcta".

Las metáforas religiosas en ciencia son tan abundantes como equívocas y poco inocentes por la carga ideológica que incluyen. Como ya dijimos, y digámoslo una vez más, la metáfora siempre ayuda a clarificar pero puede intro-ducir una reorganización riesgosa de la realidad a la que se refiere. *Clarín*[192] comenta que un "videojuego permitirá convertirse en dios" porque "los aficionados deberán di-señar desde el ADN de los habitantes, hasta los edificios, vehículos y formas de gobierno". En este caso no sé si es más preocupante la omnipotente fantasía tecnocrática o la convalidación religiosa del origen del mundo.

Una joya de los equívocos filoreligiosos es un artí-culo de *Clarín*[193] que comenta un trabajo realizado en la Universidad de Southampton, Gran Bretaña, conducido por el doctor Sam Parnia. En un lenguaje aparentemente

---

[191] "Discuten hasta por los genes", *Clarín*, 13 de enero de 2001.
[192] "El mundo al alcance de la mano: un videojuego permitirá convertirse en Dios", *Clarín*, 22 de abril de 2008.
[193] "La ciencia ya estudia qué sienten las personas al borde de la muerte", *Clarín*, 21 de enero de 2009.

científico, Parnia habla del alma y además reproduce las fantasías cinematográficas del alma saliendo del cuerpo, dejándolo y elevándose por sobre él.

> Después de una etapa piloto de 18 meses en diversos hospitales británicos, el estudio se ampliará a otros centros de ese país, de Europa y EEUU. Los investigadores harán foco en las áreas de resucitación, *donde instalarán imágenes, pero que sólo serán visibles desde el cielorraso.* "Si se puede demostrar que la conciencia continúa después de que se desconecta el cerebro, esto abre la posibilidad de que la conciencia sea una entidad separada –evalúa Parnia–. Y si nadie ve las imágenes, esto probará que esas experiencias son ilusiones o recuerdos falsos".

O también –con un afán de rigurosidad metodológica– por qué no suponer que el alma, en lugar de elevarse, fuera para abajo, y en tal caso tampoco podría ver las imágenes grabadas para ver sólo desde el cielorraso; por qué habría que pensar que el alma "ve" en el mismo sentido en que ven los ojos, etc.

Es interesante rescatar que en este artículo se contradice lo que dice otro ya citado en el capítulo anterior.[194]

> El rezo como remedio también resultó un mito. Un experimento en 1800 convalecientes de una operación cardiaca mostró que la oración no tuvo ningún efecto positivo. De los 600 pacientes que sabían que rezaban por ellos, el 59% sufrió complicaciones leves, atribuidas al estrés y la ansiedad: "¿Tan enfermo estoy, que tienen que rezar por mí?".

La ciencia está plagada de metáforas religiosas. No hace mucho se realizó una gran operación mediática a partir de la instalación de un gran acelerador de partículas que se denominó "la máquina de dios". A su vez, entre sus

---

[194] "Duele menos si cree en Dios", *BBC Ciencia*, 2 de octubre de 2008.

tareas más relevantes en términos teóricos estaba encontrar la "partícula de dios", o "Bosón de Higgs", una partícula elemental hipotética que aún no ha podido ser detectada experimentalmente. En alguno de los muchos artículos que se publicaron, se nota claramente el modo en que se naturalizan las metáforas, al señalar que se la ha llamado "la máquina de dios" porque uno de sus objetivos es detectar la "partícula de dios". Este gigantesco proyecto tuvo una gran repercusión mediática y sirvió también para todo tipo de especulaciones que algunos científicos utilizaron para tener sus quince minutos de fama en los medios. Por ejemplo, el *New York Times* (el 26 de octubre de 2009) publica una nota donde "dos reconocidos físicos, Holger Bech Nielsen y Masao Ninomiya" dicen que:

> producir el bosón de Higgs podría ser una abominación a la naturaleza tal que su creación generaría una ola retroactiva desde el futuro que detendría al colisionador antes de que pudiera crear la llamada "partícula de dios", como un viajero que regresa en el tiempo para matar a su abuelo: el universo impide robar el fuego de Prometeo porque si esto sucediera, estallaría (o dejaría de tener sentido el juego de escondidillas cósmicas que llamamos evolución).

Pero las declaraciones de Nielsen son realmente desopilantes en boca de un científico:

> Tendría que ser nuestra predicción que todas las máquinas capaces de producir el bosón de Higgs *deberían de tener mala suerte* (...) Casi se podría decir que tenemos un *modelo de dios* (...) *Él odia* las partículas de Higgs, y trata de evitarlas.

También se alertó sobre la posibilidad de que todo el mundo estallara en mil pedazos al momento de comenzar a funcionar invocando "agujeros negros" y toda clase de apocalipsis. Otros fueron más prudentes,[195] aunque llama la atención la exactitud de los pronósticos: "La naturaleza ya generó unos *1031 programas experimentales* (sic) como los del LHC desde el inicio del universo –afirman–. Y las estrellas y las galaxias resistieron".

Sin embargo lo más llamativo y que no se puso en cuestionamiento es la denominación "máquina de dios", quizá porque los científicos crean que sólo dios está por encima de ellos, quizá porque crean que ellos pueden serlo. Lo cierto es que como metáfora tiene una carga ideológica muy fuerte. Se han escuchado científicos de probada filiación atea señalar que este proyecto reproduciría el "momento de la creación".

Un artículo, que me hizo dudar mucho acerca de en qué sección ubicar, aparecido en la web[196] y que recoge un trabajo de la prestigiosa revista *Science*, asegura que "científicos prueban que lavarse las manos ayuda a reafirmarse en una elección hecha". Pero lo más curioso de esta "prueba" es lo que sostiene Spike Lee de la Universidad de Michigan: "Nuestro trabajo muestra que este acto de higiene personal disipa las dudas sobre las acciones ya hechas" porque "siendo una *metáfora física de la purificación*, ayuda en cierta manera a 'purificar' la mente".

En la actualidad,[197] las explicaciones acerca de la herencia se han convertido, a través del uso de modelos lingüísticos y de la teoría de la información, en afirmaciones en las que aparecen conceptos tales como "información",

---

[195] "Afirman que la 'máquina de Dios' es segura", *La Nación*, 23 de junio de 2008.

[196] "Científicos prueban que lavarse las manos ayuda a reafirmarse en una elección hecha", *Agencia Rusa de información*, 7 de mayo de 2010.

[197] Fox Keller (1995) rastrea la relación entre genes y mensajes y sostiene que, hasta mediados del siglo XX, prevaleció la analogía con la tecnología del telégrafo, que fue desplazada, hacia esa fecha, por la tecnología de la computadora, pero siempre bajo la lógica de la información.

"mensaje" y "código". Los científicos mismos utilizan estas metáforas. F. Jacob (1977) sostiene que:

> Estos mensajes sólo son de hecho un solo escrito (...) por la combinatoria de cuatro radicales químicos. Estas cuatro unidades se repiten por millones a lo largo de la fibra cromosómica: se combinan y permutan infinitamente como las letras de un alfabeto a lo largo de un texto del mismo modo que una frase constituye un segmento del texto, un gen corresponde a un segmento de la fibra nucleica (Jacob, 1970 [1977], p. 23).

La idea básica prevaleciente en la biología actual es que el desarrollo de organismos complejos depende de la existencia de información genética que al nivel de los genes puede copiarse mediante una especie de plantilla. Pero lo que se transmite de una generación a la otra es una lista de *instrucciones para construir al individuo* y el organismo se convierte en la realización de un programa prescrito por la herencia, y que haya distintas clases de seres depende de distintas instrucciones escritas en los mismos tipos de caracteres. Maynard Smith se pregunta y responde:

> ¿Debemos pensar en un gen (es decir, una molécula de ADN) como una estructura que se replica, o bien como una información que se copia o se traduce? En los organismos actuales un gen es ambas cosas. Por un lado hace de plantilla en la replicación génica, de modo que a partir de un único modelo se hacen copias idénticas. Si esto fuera todo, la molécula de ADN sería simplemente una estructura que se replica. Pero los genes también especifican los tipos de proteínas que una célula puede producir (Maynard Smith y Szathmary, 2001, p. 27).

Como nota al margen cabe señalar que 10 años después de la gran puesta en escena de las posibilidades del "desciframiento del genoma humano", *Clarín*[198] señala que "No posibilitó la mayoría de las curas que prometía. Los científicos buscan ahora nuevos caminos". En verdad era lo esperable. El problema no es el genoma, sino la puesta en escena inicial. Pero tampoco es una cuestión de esperar los próximos trabajos, sencillamente muchas de las cosas esperadas no ocurrirán nunca.

El PC usa y abusa de esas metáforas. Como señaláramos más arriba, no sólo no son ilegítimas en sí mismas, sino que el problema está en que su uso es inevitable y en que muchas veces inducen, por su índole misma, a ideas bastante sesgadas o directamente erróneas. Por ejemplo, *Página 12*[199] publica un artículo sobre genética a propósito del pomposo anuncio conjunto del presidente Clinton de los EEUU y del Primer ministro británico Blair sobre la "decodificación" del primer genoma humano completo, y en aquél, como era de esperar, no faltan los pronósticos terapéuticos y, sobre todo, se deslizan las metáforas corrientes:

> conocer la secuencia de "*letras*" que componen el ADN es lo mismo que tener un *libro escrito en un idioma desconocido*; para peor, un libro en el que sólo algunas partes, los genes, realmente quieren decir algo (...) Los nucleótidos que se unen para formar los *peldaños de la escalera enroscada* del ADN.

Hasta aquí la metáfora cumple un papel didáctico, pero luego se excede:

> Sólo algunos de estos nucleótidos combinados son capaces de codificar proteínas que realmente cumplan alguna función, pero detectarlos es muy trabajoso, ya que no hay *ningún*

---

[198]   "Diez años después de descifrado, el genoma humano aún no aportó beneficios", *Clarín*, 15 de octubre de 2010.

[199]   "Genética y estadística", *Página 12*, 1 de marzo de 2008.

mojón que indique dónde comienza ni dónde termina un gen
que codifica, por ejemplo, el color de ojos, el funcionamiento
de las células del hígado o la estatura. Para colmo de males,
en muchos casos, las variables de este tipo son en realidad
el resultado de la interacción de varios genes distintos.

Dos comentarios al respecto: de lo que dice el artículo
queda la idea de que hay un gen para cada característica
(la "genética de saco de judías" de Gould) y el "colmo de
los males" es que a veces no hay un gen para cada cosa. En
ningún caso se menciona la interacción de genes/ambiente.
Reforzando la idea, el artículo termina expresando la dificultad de descifrar una cantidad de genomas que permitan
establecer estadísticamente la relevancia de ciertos genes
y que para ello sólo hace falta "dinero y computadoras", es
decir sólo sería un problema tecnológico y no teórico; sólo
queda "sentarse a esperar el próximo salto de la genética,
que se ha transformado en una especie de *hermenéutica*
acelerada del libro de la vida".

Como decíamos, las metáforas, habituales en este tipo
de trabajos, en ocasiones conllevan una carga semántica impropia, como por ejemplo las que aparecen en *La*
Nación[200] en un artículo donde se anuncia un trabajo realizado en el Instituto Leloir y publicado en una importante
revista científica internacional (*Proceedings of the National*
Academy of Sciences), en el que "lograron describir cómo
las proteínas reconocen el ADN, paso previo al inicio de las
interacciones entre ambos". Veamos las metáforas:

La regulación de las funciones vitales de las células depende en gran medida de ese reconocimiento. Para que entre
ellas se rompan enlaces químicos y se formen otros nuevos
deben atravesar un estado de alta energía conocido como

---

[200]   "Científicos argentinos explican un mecanismo clave de la vida", *La*
Nación, 22 de septiembre de 2008.

"estado de transición", algo así *como el embobamiento que precede al romance.* Ambas moléculas deben acercarse lo *suficiente y sin timideces de por* medio, o no habrá reacción posible. (...) Durante los últimos 20 años, los científicos han logrado describir varios *códigos de "seducción"* que emplean en su transcurso algunas macromoléculas biológicas (...) la expresión de los genes y la replicación del genoma dependen *del "diálogo"* que establecen las proteínas y el ADN.

6. Robots, mentes artificiales y computadoras

Una metáfora más que extendida es la que asimila una computadora a una mente o, al revés, una mente a una computadora. *La Nación*[201] anuncia que "el sueño *hace espacio dentro del cerebro* para seguir aprendiendo". Estas experiencias, publicadas en *Science*, se realizaron en las *moscas de la fruta*, dado que "muchos aspectos del sueño de la mosca de la fruta son similares a los de los seres humanos; *por ejemplo, tanto humanos como moscas de la fruta privados de sueño un día, van a tratar de recuperarlo al día siguiente".* También en *La Nación*[202] se indica que "las nuevas neuronas *procesan información".*

La metáfora según la cual la mente es una computadora o la computadora es una mente surge directamente del programa de Inteligencia Artificial (en adelante IA), que, más allá de algunos antecedentes, surge en 1956 con el *"Darmouth Summer Research Project on AI".* Marvin Minsky define la IA como "la realización de sistemas informáticos con un comportamiento que en el ser humano calificamos

---

[201]   "El sueño hace espacio dentro del cerebro para seguir aprendiendo", *La Nación*, 3 de abril de 2009.
[202]   "Confirman que las nuevas neuronas procesan información", *La Nación*, 28 de julio de 2008.

como inteligente"; Roger Penrose, por su parte, la define como "imitación por medio de máquinas, normalmente electrónicas, de tantas actividades mentales como sea posible, y quizá llegar a mejorar las capacidades humanas en estos aspectos". Huelga señalar que el primer problema es que no tenemos muy claro qué es la inteligencia y el segundo, que las operaciones que realiza la máquina, en todo caso, hablan más bien de la inteligencia del programador.[203]

De cualquier manera, hay que resaltar que los resultados y las posibilidades de la computación son enormes y prometen ser (ya son) herramientas insustituibles en toda actividad humana, inclusive fundamentales para todas las áreas científicas, y que han propiciado campos de reflexión filosófica muy ricos acerca de nociones como "intencionalidad", "inteligencia" y "mental".

Pero no es esto lo que se discute aquí. No hay nada indebido ni negativo en publicitar las proezas de la tecnología alrededor de la computación, los inimaginables alcances que ha tenido no sólo en el procesamiento rápido de grandes masas de información, sino como contribución en sí misma para otras áreas científicas. En todo caso el problema a analizar aquí es el componente ideológico de llamar "inteligencia" a esos procesos artificiales.

H. Dreyfus (1992) ha cuestionado las bases de la tesis de la IA porque, según él, se fundamenta sobre cuatro postulados discutibles que son:

---

[203] Alan Turing fue uno de los primeros en formular explícitamente un programa de estudio que llevaría la inteligencia artificial como disciplina a finales de los años cincuenta. Turing ideó un test para constatar la eventual inteligencia de una máquina. Básicamente, se trata de verificar si un observador es capaz de distinguir una máquina de una persona, pudiendo tan solo comunicarse a través de un teclado y de una pantalla. Si la máquina consigue despistar al observador, Turing argumenta que la podemos considerar inteligente, aunque él mismo –ferviente defensor de la posibilidad de la IA– señala que esta máquina todavía estaría alejada del ser humano y carecería de intencionalidad.

1) postulado biológico: el cerebro, como los ordenadores, actúa mediante operaciones discretas;

2) postulado psicológico: la mente, como los ordenadores, es un sistema que opera mediante reglas formales;

3) postulado epistemológico: todo saber puede ser formalizado o explicitado formalmente;

4) postulado ontológico: toda información puede ser analizada independientemente de su contexto, ya que todo cuanto existe es un conjunto de hechos lógicamente independiente de otros hechos.

Searle, por su parte, sostiene que los fenómenos mentales, si bien son una manifestación del cerebro, no pueden confundirse con él, ni tienen una existencia autónoma, sino que son propiedades emergentes. Ha criticado también a los defensores de la IA en sentido fuerte, es decir a aquéllos que no sólo sustentan la utilidad de los modelos computacionales, sino que sostienen que un ordenador, con un programa adecuado, posee propiamente estados cognitivos. Para ello propone un ejercicio mental llamado "la habitación china":

> Supóngase que estoy encerrado en una habitación. En esa habitación hay dos grandes cestos llenos de símbolos chinos, junto con un libro de reglas en español acerca de cómo aparear los símbolos chinos de una de las cestas con los símbolos chinos de la otra cesta. Las reglas dicen cosas como: "Busque en la canasta 1 y saque un signo garabateado, y póngalo al lado de un cierto signo garabateado que saque de la canasta 2". Adelantándonos un poco, esto se llama una "regla computacional definida en base a elementos puramente formales". Ahora bien, supóngase que la gente que está fuera de la habitación envía más símbolos chinos junto con más reglas para manipular y aparear los símbolos. Pero esta vez sólo me dan reglas para que les devuelva los símbolos chinos. Así que estoy aquí, en mi habitación china, manipulando estos símbolos. Entran símbolos y yo devuelvo los símbolos de acuerdo con el libro de reglas. Ahora bien, sin yo saberlo,

quienes organizan todo esto fuera de la habitación llaman a la primera cesta un "guión-de-restaurante" y a la segunda cesta un "relato acerca del restaurante", a la tercera hornada de símbolos la llaman "preguntas acerca del relato", y a los símbolos que les devuelvo "respuestas a las preguntas". Al libro de reglas lo llaman "el programa", ellos se llaman "los programadores" y a mí me llaman "el computador". Supóngase que después de un tiempo soy tan bueno para responder esas preguntas en chino que mis respuestas son indistinguibles de las de los nativos hablantes del chino. Con todo, hay un punto muy importante que necesita ser enfatizado. Yo no comprendo una palabra del chino, y no hay forma de que pueda llegar a entender el chino a partir de la instanciación de un programa de computación, en la manera en que la describí. Y éste es el *quid* del relato: si yo no comprendo chino en esa situación, entonces tampoco lo comprende ningún otro computador digital sólo en virtud de haber sido adecuadamente programado, porque ningún computador digital, por el solo hecho de ser un computador digital, tiene algo que yo no tenga. Todo lo que tiene un computador digital, por definición, es la instanciación de un programa formal de computación. Pero como yo estoy instanciando el programa, como suponemos que tenemos el programa correcto con los *inputs* y *outputs* correctos, y yo no comprendo el chino, entonces no hay forma de que cualquier otro computador digital sólo en virtud de instanciar el programa pueda comprender el chino.

Éste es el núcleo central del argumento. Pero su *quid*, pienso, se perdió en el montón de bibliografía desarrollada subsiguientemente a su alrededor; así que quiero enfatizarlo. El *quid* del argumento no es que de una u otra manera tenemos la "intuición" de que no comprendo el chino, de que me inclino a decir que no comprendo el chino pero que, quien sabe, quizá realmente lo entienda. Ése no es el punto. El *quid* del relato es recordarnos una verdad conceptual que ya conocíamos, a saber, que hay diferencia entre manipular los elementos sintácticos de los lenguajes y realmente comprender el lenguaje en un nivel semántico. Lo que se pierde en la simulación del comportamiento cognitivo de la

IA (Inteligencia Artificial), es la distinción entre la sintaxis y la semántica.

El *quid* del relato puede enunciarse ahora más genéricamente. Un programa de computación, por definición, tiene que ser definido de manera puramente sintáctica. Es definido en términos de ciertas operaciones formales realizadas por la máquina. Eso es lo que hace del computador digital un instrumento tan poderoso. Uno y el mismo sistema de hardware puede instanciar un número indefinido de programas de computación diferentes, y uno y el mismo programa de computación puede operarse en hardwares diferentes, porque el programa tiene que ser definido de manera puramente formal. Pero por esa razón la simulación formal de la comprensión del lenguaje nunca va a ser en sí lo mismo que la duplicación. ¿Por qué? Porque en el caso de comprender realmente un lenguaje, tenemos algo más que un nivel formal o sintáctico. Tenemos la semántica. No manipulamos meramente símbolos formales no interpretados, sabemos realmente qué significan.

Esto puede mostrarse enriqueciendo un poco el argumento. Estoy allí, en la habitación china, manipulando esos símbolos chinos. Supóngase ahora que algunas veces los programadores me dan relatos en español y que me hacen preguntas, también en castellano, acerca de esos relatos. ¿Cuál es la diferencia entre los dos casos? Tanto en el caso del español, como en el caso del chino, satisfago el test de Turing. Esto es, doy respuestas que son indistinguibles de las respuestas que daría un hablante nativo. En el caso del chino lo hago porque los programadores son buenos para diseñar el programa, y en el caso del español porque soy un hablante nativo. ¿Cuál es la diferencia, entonces, si mi actuación es equivalente en los dos casos? Me parece que la respuesta es obvia. La diferencia es que sé español. Sé qué significan las palabras. En el caso del español no sólo tengo una sintaxis, tengo una semántica. Atribuyo un contenido semántico o significado a cada una de esas palabras, y por lo tanto estoy haciendo más que lo que un computador digital puede hacer en virtud de instanciar un programa. Tengo una interpretación de las palabras y no sólo de los

símbolos formales. Nótese que si tratamos de dar al computador una interpretación de los símbolos formales lo único
que podemos hacer es darle más símbolos formales. Todo
lo que podemos hacer es poner más símbolos formales no
interpretados. Por definición, el programa es sintáctico, y la
sintaxis por sí misma nunca es suficiente para la semántica.
Bueno, en esto consiste mi rechazo de la ecuación, mente/
cerebro = programa/hardware. Instanciar el programa correcto nunca es suficiente para tener una mente. Tener una
mente es algo más que instanciar un programa de computación. Y la razón es obvia. Las mentes tienen contenidos
mentales. Tienen contenidos semánticos, así como tienen
un nivel sintáctico de descripción (Searle, 1995, pp. 418-420).

De modo tal que, insistamos con esto, más allá de
la indiscutible utilidad instrumental y hasta heurística
de la IA, hay mucha discusión acerca de la asimilación
mente=computadora. Veamos, entonces, lo que transmite
el PC. *Clarín*[204] anuncia que el científico sudafricano Henry
Markram en una conferencia sobre tecnología realizada en
Oxford, Inglaterra, afirmó que en diez años podría cons-
truirse un cerebro artificial. El trabajo de Markram consistió
en usar una "Supercomputadora IBM" para "una simulación artificial de una parte crucial del cerebro de una rata".
El objetivo del proyecto es "crear un modelo del cerebro
completo de una rata que se comporte biológicamente de
manera correcta". El artículo contiene la tradicional promesa
de usos terapéuticos de todas estas investigaciones, pero
da por sentada la similitud entre una computadora y una
neurona, con lo cual todo el problema se reduciría a juntar
la cantidad suficiente de computadoras.

---

[204] "Creen que en diez años puede existir un cerebro artificial", *Clarín*, 8 de
abril de 2009.

Más interesante aun es el anuncio de *Clarín*[205] según el cual se habrían creado robots humanoides que pueden tener sexo. Haciendo caso omiso de qué puede significar que un robot tenga sexo, hasta ahí no es más que una versión más elaborada de las muñecas inflables u otros sustitutos para la soledad humana. Pero David Levy, el investigador británico que presentó su "robot sexual" en un congreso en la Universidad de Maastricht, Holanda, va mucho más allá y considera que:

> el robot sexual –que puede ser masculino y femenino– creará un nuevo orden mundial (...). Está convencido de que en un plazo de 40 años, *humanos y robots formarán parejas* (sic). Y que los robots nos enseñarán prácticas sexuales que ni hemos imaginado y que hasta *nos remorderá la conciencia si les somos infieles.*

Los psicólogos y los psicoanalistas que nos ayudan (a veces) con nuestras culpas estarán de parabienes, aunque seguramente deberán hacer algún posgrado para vérselas con nuestras parejas robots. Claro que, en un rapto de lucidez, el cronista agrega que "uno de los problemas que conllevarían esas relaciones robóticas sería de fidelidad" dado que los robots "hasta ahora, no diferencian entre una persona y otra, lo que podría derivar en constantes infidelidades que romperían la relación". Pero Levy da respuesta también a esto pues "dar a los robots sentimientos humanos como la empatía, el humor, la comprensión y el amor *no es más que un problema tecnológico*" (sic). Y agrega: "Si un robot se comporta como si tuviera sentimientos, ¿qué nos permitirá decir que no los tiene? Si dice 'te quiero', ¿por qué no lo creeremos si su comportamiento lo corrobora?". Además, por supuesto, "no habrá infidelidades, ni malos

---

"Presentan robots humanoides que son capaces de tener sexo", *Clarín*, 7 de julio de 2008.

humores, ni obsesión por la limpieza ni por el fútbol y las cervezas con los amigos". Sospecho que algunos viejos amigos míos que ya no frecuento estarían felices con este último aspecto. Como quiera que sea, es curioso que no diga nada sobre los robots "masculinos". En la misma línea, *Clarín*[206] comenta que en el Museo de Ciencias de Londres se presentó un robot que:

> Si se le aprieta la mano con convicción, *se asusta*. Si se le grita, *llora*. Pero si se le habla con una voz amigable, *ríe y a gusto*. Es un robot que responde emocionalmente a los comportamientos humanos, (...) Se trata del "Robot Corazón", que posee emociones (llora, ríe y se enoja).

La fantasía tecnocrática no tiene límites y aparecen personajes como Ray Kurzweil, a quien se apoda Cybernostradamus, "actualmente presidente de la empresa informática, la cual se dedica a elaborar dispositivos electrónicos de conversación máquina-humano con aplicaciones para discapacitados".[207] Uno no dudaría en calificar a este señor, al menos a juzgar por lo que el artículo dice de él, como un gran inventor, algo extravagante y sobre todo como un hábil vendedor de sus productos. Pero lo que me interesa destacar aquí son otras cuestiones del artículo. ¿Qué esperaríamos encontrar bajo el subtítulo "las profecías de Kurzweil"?... pues no. Kurzweil predijo la Internet para la segunda mitad de los noventa... a mediados de los ochenta; también predijo que una computadora podría vencer en el campeonato mundial de ajedrez (Deep Blue venció a Kasparov); otra enorme profecía es "la superación de la *velocidad del cerebro humano por las computadoras*" (sic). Reforzando la idea de que el cerebro es una computadora,

---

[206] "Llegó el robot que faltaba: tiene 'corazón' y 'siente'", *Clarín*, 31 de julio de 2008.

[207] "Ray Kurzweil, Cybernostradamus", *Clarín*, 27 de marzo de 2008.

se predice un *software* "de la inteligencia, *basado en la ingeniería inversa*, que *copia el funcionamiento del cerebro humano*". Asimismo Kurzweil asegura que "Construiremos entidades no biológicas con copias del cerebro humano y *tendremos personas con miles de robots microscópicos en el cerebro*, lo que aumentará su habilidad para pensar y para vivir en una realidad virtual". Finalmente, afirma que "reemplazaremos nuestros frágiles cuerpos 'versión 1.0' por una versión 2.0 tremendamente mejorada (...) Ya no existirá distinción entre seres humanos y máquinas". Y, finalmente afirmaciones cuasi religiosas que no son más que eslóganes falsos o vacíos de contenido como: "la humanidad no es el *fin de la evolución, sino el principio*".

7. Algunos estudios sobre el cerebro y más psicología (evolucionista)

Los estudios sobre el cerebro, en el sentido de localizar áreas que corresponden a conductas o rasgos importantes, también abundan en el PC. *La Nación*[208] comenta un trabajo publicado en *Science,* realizado por "investigadores del Instituto de Ciencias Radiológicas de Japón" que, en apariencia (digo en apariencia porque no se entiende muy bien de qué se trata), relacionan el dolor con la envidia. Recordemos, como se dijo al principio de este capítulo, que estos científicos siempre disponen de sujetos que responden infalible y homogéneamente a las preguntas más complejas y, aparentemente, pueden los científicos medir la mayor o menor envidia y cosas así:

---

[208]   "Nuevos estudios iluminan los senderos cerebrales de la envidia", *La Nación*, 18 de febrero de 2009.

Cuando se los confrontaba con personajes que los participantes admitían que envidiaban, las regiones cerebrales involucradas en el registro del dolor físico se activaban: *cuanto más profunda era la envidia,* más vigorosamente se activaban los centros de dolor del córtex cingulado anterior dorsal y otras áreas cerebrales relacionadas. Por el contrario, cuando a los sujetos se les daba la oportunidad de *imaginar* que el sujeto envidiado caía en la ruina, se activaban los circuitos de recompensa del cerebro, también *en forma proporcional a qué tan grande era la envidia*: aquéllos que sintieron la *mayor* envidia reaccionaron a la noticia de la desgracia ajena con una respuesta comparativamente más activa en los centros dopaminérgicos del placer del cuerpo estriado del cerebro.

Pero más interesantes aun son las apreciaciones de las conductas sociales, antropológicas y, sobre todo, las generalizaciones burdas y la naturalización de comportamientos colectivos históricamente variables:

Para los científicos evolucionistas, las principales características de la envidia (su persistencia y universalidad, su fijación con el estatus social y el *hecho de que cohabite con la vergüenza*) sugieren que cumple un *profundo rol social.* Proponen que nuestros impulsos de envidia pueden ayudar a explicar *por qué los humanos somos comparativamente menos jerárquicos que muchas otras especies de primates, más propensos al igualitarismo y a rebelarnos contra reyes y tiranos. La envidia quizá también nos ayude a mantenernos en línea, haciendo que nos desesperemos tanto por vernos bien que comenzamos a actuar en forma correcta.*

¿De dónde saca que somos más propensos al igualitarismo y a la rebelión contra reyes y tiranos como una característica natural y universal? No sólo la diversidad de culturas, sino también la historia misma desmienten una y otra vez afirmaciones como éstas.

Clarín[209] recoge una investigación de "científicos del University College de Londres" realizada sobre 105 personas de las cuales 80 eran bilingües y detectaron que aprender un segundo idioma "altera en sentido positivo la estructura del cerebro, *en concreto el área que procesa información*". No opinaré sobre lo que no conozco, pero vale la pena resaltar que el artículo alerta que "conocer diez lenguas no nos convertiría en genios de forma automática. Es más, *con dos bastaría*" (sic), porque como indica una psicóloga de la Universidad de New York: "*A partir del segundo idioma que se aprende, no se registran ulteriores beneficios en el cerebro*".

Clarín[210] nos descubre que "cuanto mayor es la capacidad cerebral, más se tiende a mentir". "En un estudio comparativo sobre la conducta de los primates, Richard Byrne y Nadia Corp, de la Universidad de St. Andrews, Escocia, encontraron *una relación directa entre el tamaño del cerebro y el carácter furtivo*". Hasta aquí, uno podría pensar que ciertos primates pueden desarrollar conductas y rituales más complejos. En apoyo de estas aseveraciones se agrega el testimonio de Frans B. M. de Waal, profesor en el Centro Nacional de Investigaciones Sobre Primates Yerkes y la Universidad Emory: "Los chimpancés tienden, como los humanos, a mentirse los unos a los otros. (...), asegura que los chimpancés u orangutanes son grandes simuladores". Pero, ¿cómo mentirán los chimpancés? ¿Qué regla semántica violan los chimpancés, qué descripción erróneamente deliberada de la realidad realizan los chimpancés cuando mienten? ¿Simular es lo mismo que mentir? ¿Una mariposa que se mimetiza sobre la corteza de un árbol, entonces, está mintiendo?

---

[209]   "Aprender un segundo idioma mejora la 'plasticidad cerebral'", *Clarín*, 5 de marzo de 2008.
[210]   "Cuanto mayor es la capacidad cerebral, más se tiende a mentir", *Clarín*, 24 de diciembre de 2008.

Pero no todo termina ahí. En el contexto de este artículo en el cual el tamaño del cerebro determinaría la capacidad de mentir (cosa que si comparamos por ejemplo un humano con una mosca, resulta una obviedad) se agrega una experiencia realizada en humanos, como "prueba" de que los humanos mentimos siempre (aunque no se dice nada sobre los tamaños diferenciales de esos cerebros humanos entre sí):

> Bella De Paulo, profesora visitante de Psicología en la Universidad de California, Santa Bárbara, y sus colegas, pidieron a 77 estudiantes universitarios y 70 personas de la comunidad que llevaran diarios anónimos durante una semana y dejaran asentado allí los cómo y por qué de cada mentira que decían. Al analizar los resultados, los investigadores descubrieron que los estudiantes universitarios decían un promedio de dos mentiras por día, los miembros de la comunidad una y que la mayoría podía ser incluida en la categoría de "mentirita".

Nótese que se presupone, una vez más, una respuesta homogénea a una pregunta de respuesta sumamente compleja en un grupo sumamente heterogéneo de personas. Y, como prueba extra, nunca falta el testimonio esclarecedor y fundamental de "una participante" que señaló: "Le dije que lo extrañaba y que pensaba en él todos los días cuando en realidad nunca pienso en él". Como quiera que sea, una conclusión no explicitada del trabajo parece ser que el tamaño creciente del cerebro aumenta la capacidad y la proclividad a mentir pero no a detectar esas mentiras.

Algunos investigadores creen de todos modos que la ceguera frente a una mentira *responde al deseo de los seres humanos de ser engañados*, algo así como una preferencia por la fábula cuidadosamente armada antes que la cruda verdad.

Para Angela Crossman, profesora adjunta de Psicología en el John Jay College of Criminal Justice, *"existe una motivación para no detectar las mentiras. Uno no quiere saber por ejemplo que la comida que acaba de preparar es un asco o que su cónyuge lo engaña".*

Clarín[211] anuncia, en la misma línea y pomposamente, que "la ciencia trata de descifrar ahora los secretos de las mentiras" aunque más de la mitad del artículo está compuesto de citas de escritores, filósofos y algún ensayista. Las experiencias:

> Con técnicas de resonancia magnética funcional se *demostró mayor actividad cerebral en los momentos* en que se miente. Se activan las regiones prefrontales, las más desarrolladas en los humanos. Mentir, entonces, *supondría un mayor esfuerzo creativo.* Sean Spence, investigador de la Universidad de Sheffield, publicó un trabajo que describe los correlatos neurológicos del mentir, donde probó la mayor activación de las áreas prefrontales. Otro estudio de la Facultad de Medicina de la Universidad de Pensilvania lo ratifica: *demostró que el cerebro siempre está listo para decir la verdad* y que para mentir precisa organizarse: *"Nuestra materia gris tiene que hacer un trabajo extra cuando va a engañar:* se activan zonas del córtex frontal (que desempeñan un papel en la atención y concentración), además de *otra área del cerebro responsable de vigilar los errores",* concluyó el estudio.

La creatividad también es un preciado objeto de los estudios sobre el cerebro. *Clarín*[212] comenta un estudio llevado a cabo por el "doctor Charles Limb de la Universidad John Hopkins de Baltimore sobre el cerebro de músicos de jazz, con el *propósito de descifrar las claves de la creativi-*

---

[211] "La ciencia trata de descifrar ahora los secretos de las mentiras", *Clarín*, 28 de junio de 2008.

[212] "Estudiaron a músicos de jazz para ver qué ocurría cuando improvisaban", *Clarín*, 16 de marzo de 2008.

dad humana". El estudio consistió en medir la actividad cerebral mediante imágenes de resonancia magnética conectadas a un teclado. Lo más sorprendente es que se señala que "este tipo de investigaciones ya se realizaron antes para descifrar la creatividad de pintores como Vincent van Gogh o escritores como Ernest Hemingway". Téngase en cuenta que V. van Gogh murió en 1890 y E. Hemingway en 1961. Pero lo realmente interesante de la investigación, según Limb, "fue que los músicos mostraron una mayor conciencia sensorial: las regiones involucradas en el tacto, la audición y la vista se tornaron más activas durante la improvisación". Y bueno, era lo previsible, pero ¿y las "claves de la creatividad"?

La Nación[213] recoge un artículo de *New Scientist* en el cual se declara que se han explicado "diez misterios del ser humano". El mecanismo argumental es siempre el mismo: en una versión adaptacionista de la evolución, buscar, en ocasiones forzada y caprichosamente, qué tipo de ventaja evolutiva podría haber representado cada rasgo elegido.

Haciendo caso omiso de la desprolijidad y la impudicia con que en el artículo explica ocho misterios en lugar de los diez prometidos, y sin juzgar si en realidad lo han conseguido, lo más interesante son algunas de las explicaciones. En primer lugar la tendencia de los humanos a ruborizarse, que según explica el neurocientífico V. S. Ramachandran, de la Universidad de California, en San Diego, EEUU, fue "en un principio, una manera de demostrarles a los miembros dominantes del grupo que nos subordinábamos a su autoridad". Pero Ramachandran va mucho más allá de esta vaga conjetura posible y "Tras advertir que las mujeres se sonrojan más que los hombres (...) sugiere que el sonrojo puede haberse desarrollado como una manera

---

[213] "Explican diez misterios del ser humano. La ciencia revela los rasgos excéntricos propios del hombre", *La Nación*, 16 de agosto de 2009.

de que las mujeres demuestren su sinceridad a los hombres y puedan así conseguir su ayuda para la crianza de la prole". Para rematar, la extrapolación de un rasgo de las culturas de los últimos miles de años a nuestro linaje más profundo: "'El sonrojo te dice que no puedo serte infiel. Si me preguntas si soy infiel, no puedo mentirte, el sonrojo me delata', razona Ramachandran". Otro de los misterios develados por la ciencia es la risa, que según el psicólogo Robert Provine, de la Universidad de Maryland, EEUU, es una respuesta psicológica a las cosquillas que con el desarrollo del cerebro cambió de función. Es posible, pero lo llamativo es que de un trabajo que le insumió ¡diez años! "el hallazgo más notable" es que "la risa es producida con mayor frecuencia por comentarios banales que por chistes divertidos". El otro misterio "develado" es el del grosor del vello púbico aunque el artículo advierte que "*no existe una explicación aceptable*" (sic).

El altruismo, según el artículo, es otra de las peculiaridades humanas supuestamente explicadas por la ciencia. Sobre el problema del altruismo se han derramado toneladas de tinta en las últimas décadas a propósito del auge de la sociobiología, bajo el supuesto de que si, como sostienen los sociobiólogos, los individuos intentan maximizar y perpetuar sus genes a través de la descendencia, y para ello el egoísmo parece ser la actitud adecuada, el altruismo vendría a ser un contraejemplo demoledor. La estrategia de los sociobiólogos en general consistió en tratar de mostrar que lo que parecía altruismo en realidad favorecía al grupo que tenía una genética más parecida al altruista. Hay una discusión seria al respecto, pero más allá de ello el artículo que comentamos señala que "el único problema es que en los *últimos años* (sic) se han acumulado pruebas de que las personas a veces actúan por genuino altruismo". Y como prueba fehaciente de que esto se ha comprobado recién en los últimos años el artículo revela que "en situaciones de juego experimental, muchas personas aceptan compartir dinero con un desconocido a pesar de que no serán retribuidas de ninguna manera". Y en un adaptacionismo sociobiológico ramplón, mezclado con algo de autoayuda conservadora, agrega:

> Según Robert Trivers, de la Universidad Rutgers, EEUU, *el altruismo puro es un error.*[214] Argumenta que la selección natural favoreció a los humanos que eran altruistas porque en los grupos pequeños y estrechamente unidos en los que vivían nuestros antecesores, los altruistas podían esperar reciprocidad. *Sin embargo, en nuestro mundo globalizado, donde muchas veces interactuamos con personas que no conocemos y que tal vez nunca volvamos a ver, nuestras tendencias altruistas no tienen sentido,* porque difícilmente serán correspondidas por un gesto de reciprocidad.

Las pruebas científicas acerca de la superstición no son de menor cuantía.

> Nuestros cerebros están *diseñados para* [otra vez el "diseño para"] detectar la estructura y el orden en nuestro entorno, dice Bruce Hood, de la Universidad de Bristol, Inglaterra. También somos deterministas causales: suponemos que los acontecimientos son resultados de acontecimientos anteriores. Esta combinación de *captar pautas y de inferir causas* nos deja expuestos a las creencias supersticiosas.

Así expresado no parece haber ninguna diferencia entre la superstición, cualquier tipo de saber corriente y la ciencia (o por lo menos algunos de los objetivos atribuidos a la ciencia). Pero lo más interesante es el modo en que se justifica:

---

[214]   Véase el apartado 3 del capítulo anterior en el cual los economistas aseguran que somos genéticamente propensos a dar.

"Pero existen muy buenas razones que justifican que haya-mos desarrollado esa capacidad", agrega Hoods. Identificar y responder a algunas inciertas relaciones de causa y efec-to puede ser una habilidad crucial para la supervivencia. Nuestros ancestros no habrían durado mucho si hubieran supuesto que una ondulación de la maleza era provocada por el viento, cuando existía siquiera una pequeña posibilidad de que se tratara de un león.

Ante esta explicación uno podría rápidamente pregun-tarse dos cosas: ¿dónde está la superstición en este ejemplo? y ¿cómo sobrevivieron las otras especies que no tienen ni supersticiones, ni ciencia, ni nada que se parezca a una inferencia causal? Pero el colmo del adaptacionismo que ignora los múltiples caminos de la evolución, sus aspectos fortuitos y aleatorios, y deja entrever una errónea versión de máxima eficiencia de la misma, aparece al final:

> Y vale cometer errores y actuar en falso para esclarecer estas relaciones. Kevin Foster, de la Universidad de Harvard, EEUU, empleó modelos matemáticos para demostrar que siempre el costo de una superstición es menor que el costo de pasar por alto una verdadera asociación de vida o muerte, *la evo-lución favorecerá la existencia de las creencias supersticiosas.*

La cuestión del "reloj biológico" está de moda. Un es-tudio sobre el ciclo de sueño en la adolescencia realizado por la Universidad Tecnológica de Swimburne, Australia (trabajo publicado en el *Journal of Adolescence*), prueba, según *Clarín*,[215] que los adolescentes tienen un reloj bio-lógico distinto. El artículo no dice mucho sobre la expe-riencia, sólo afirma que se trata de razones fisiológicas y, eso sí, aparece la infaltable cuantificación universalizada, según las cual "*los* adolescentes en época escolar duermen

---

[215]   "Prueban que los adolescentes tienen un reloj biológico distinto", *Clarín*, 20 de abril de 2008.

exactamente una hora y 17 minutos menos por noche respecto de las vacaciones". Pero lo más interesante son algunas opiniones de especialistas sobre el punto, que en realidad van a contramano del "descubrimiento" de que los adolescentes tienen un "reloj biológico distinto": Diego Golombek, biólogo e investigador del Conicet, por ejemplo, señala que los adolescentes "a la mañana están medio *zombies* y *recién comienzan a ser personas hacia la tarde*"; Mirta Averbuch, "co-autora del libro *Recetas para dormir bien*, y jefa de la unidad de Medicina del Sueño de la Fundación Favaloro", señala que "en EEUU varios estados retrasaron el horario de entrada a clases. '*No hubo demasiados cambios, no es que rinden muchísimo más, pero seguro que los favorece*'" (sic); y el artículo termina con las invalorables apreciaciones de un neurólogo especialista en sueño del Hospital Británico, quien aconseja que: "*Sería conveniente la exposición a una luz adecuada en las aulas de los colegios para intentar sincronizar su reloj biológico*".

Capítulo 4
Notas preliminares a (una teoría de) la divulgación científica[216]

> Respecto de todas las ciencias, artes,
> habilidades y oficios vale la convicción
> de que para poseerlas se necesita
> un reiterado esfuerzo de aprendizaje y de ejercicio;
> y que, si bien todos tienen ojos y dedos,
> y se les proporciona cuero e instrumentos,
> no por ello están en condiciones de hacer zapatos.
>
> Hegel, *Phänomenologie des Geistes*, p. 54

Además de mostrar una serie no completa por cierto de insuficiencias y problemas del PC, vale la pena, antes de terminar, desarrollar algunas reflexiones sobre la CPCT. Puede llamar la atención que este capítulo final se llame "Notas preliminares...", pero como ya se ha señalado en las primeras páginas de este libro, si se pretende ir algo más allá de la anécdota y se admite que la CPCT es una tarea realmente relevante en el mundo actual, es necesaria ahora una reflexión crítica sobre las razones, la importancia y los límites de la divulgación, discusión preliminar conceptualmente aunque, de hecho, no temporalmente.

---

[216] En lo fundamental, las ideas vertidas en este capítulo fueron publicadas, con el mismo título, en Wolovelsky, E. (ed.), *Certezas y Controversias*, Libros del Rojas, 2004.

1. ¿Por qué hay que hacer CPCT y no, más bien, nada?

1.1 Argumentos acerca de la CPCT

Hay una abundante e importante literatura a favor de la necesidad de realizar CPCT, que puede resumirse en una batería estándar de cinco argumentos principales. Estos cinco argumentos, o para ser más exactos grupos de argumentos, son de tipo ético-filosófico algunos (a continuación, argumentos 1 y 2) y de tipo político-instrumental el resto (a continuación, argumentos 3, 4 y 5). Huelga aclarar que la separación que realizaré es meramente analítica a los efectos de ordenar la exposición, dado que, en la práctica, los argumentos que se expondrán se superponen y se intersecan de manera variada, por lo cual suelen funcionar en conjuntos variables de dos o más de ellos.

Argumentos tipo 1: la ciencia es tanto un proceso como un logro social y cultural. En este sentido resulta un bien público, parte del patrimonio de la sociedad, por lo cual no debe circunscribirse esotéricamente a la comunidad de especialistas sino ser difundida a la población en general (entre muchos otros: Durant, 1990).

Argumentos tipo 2: el conocimiento científico es factor de progreso para la humanidad, por lo tanto cuanto mayor sea su difusión, más se asegura y se acelera ese progreso. Una variante iluminista más explícita de este argumento sostiene que cuanto más ciencia menos pensamiento mágico o mitológico (entre muchos otros: Golombek, 2004).

Argumentos tipo 3: dado que el conocimiento científico y, sobre todo, sus consecuencias tecnológicas se encuentran, de manera creciente, hasta en los aspectos más simples de la vida cotidiana, es necesario que el público conozca de qué se trata, pues de lo contrario no podría realizar ni las operaciones cotidianas más simples (entre muchos otros: Durant, 1990).

Argumentos tipo 4: el conocimiento científico ayuda a tomar decisiones vitales a las personas, en lo que se refiere tanto a cuestiones personales –por ejemplo de salud– como así también a políticas públicas (entre muchos otros: Durant, 2000). Sobre este último aspecto se apoya una variante algo menos pragmática del argumento que suele asociar la CPCT al ejercicio más acabado y pleno de la vida democrática (entre muchos otros: Ares, 2000; Durant, 1990).

Argumentos tipo 5: se refieren fundamentalmente a la financiación y a la incidencia y a las potencialidades económicas de la ciencia y la tecnología. El primero sostiene que, dado que la ciencia necesita cada vez más del apoyo de la población –en cuanto a aceptación en general pero también en cuanto a apoyo económico–, la CPCT debería mostrar los logros y las posibilidades futuras. Hay una variante, aparentemente menos mercenaria, de este argumento, según la cual, dado que la población apoya a través del dinero público la investigación, los científicos deben dar cuenta de cómo gastan ese dinero (entre muchos otros: Navas, 2000; Golombek, 2004). Una tercera variante sostiene que la CPCT puede contribuir a agilizar la relación entre la ciencia y el aparato productivo, es decir a lo que vulgarmente se conoce como innovación y transferencia tecnológica (entre muchos otros: Albornoz *et al*, 2006; para todos los argumentos en conjunto, véase Belocopitow, 1998). Sobre todo los últimos dos argumentos surgen en las últimas décadas a partir de lo que algunos autores llaman el *nuevo contrato social*[217] sobre la ciencia

---

[217]   "*Big Science*" se refiere a los cambios en la forma de hacer ciencia que se produjeron, básicamente, en los países industrializados durante y después de la Segunda Guerra Mundial. La característica principal

que vendría a reemplazar al contrato social anterior, de la época de la Big Science.

Ahora bien: quiero dejar claro que acepto todos estos argumentos, con algunas salvedades y observaciones. En primer lugar, que mi fuerte inclinación a aceptarlos obedece principalmente a que tengo una inclinación aun más fuerte a no aceptar sus correspondientes contrarios. Es decir, me parece inaceptable pensar que la ciencia debe ser sólo y exclusivamente cosa de especialistas y que no tiene mayor sentido extender inútilmente ese conocimiento a la población; que el conocimiento científico tendría poco o nada que aportar al progreso de la humanidad; que la inclinación al uso creciente de tecnología es contraproducente o negativa *per se*; que no ayuda mayormente a tomar decisiones; que la decisión acerca de los gastos en ciencia y tecnología es sólo cosa de científicos o políticos especializados. Pero, al mismo tiempo, y para poner la cuestión en su justa medida, creo que los cinco argumentos precedentes, tomados de manera acrítica o dogmática, son o bien trivialidades, perogrulladas o eslóganes vacíos o bien sólo verdades a medias (que como todas las verdades a medias revelan mucho más por lo que ocultan o eluden que por lo que dicen). Volvamos, entonces, a los argumentos para hacer algunos señalamientos y mostrar en qué sentido puede decirse que hay algo de objetable en ellos.

1.2 Breve crítica de la razón comunicadora de la ciencia

Acerca de los argumentos tipo 1: en verdad, más que un argumento en sentido estricto, se trata de una toma

---

es la presencia de grandes proyectos financiados por los Estados. El *nuevo contrato social* surgiría de ciertos procesos de reclamo por la democratización y la participación de grupos sociales en el control, en la toma de decisiones, en la evaluación y en la aplicación de la ciencia y la tecnología.

de posición ético-filosófica fundacional con respecto al conocimiento científico y a la difusión del mismo. Resulta el marco general dentro del cual los argumentos restantes cobran algún sentido aunque, en su forma general y amplia, es casi trivial. Efectivamente, pues de hecho y de derecho el conocimiento científico circula en los distintos estamentos de la sociedad, pero en sus formas estratégicas y sobre todo en aquéllas que puedan establecer diferencias y propiciar ventajas de algún tipo circula sólo secreta y esotéricamente. Y esto es así tanto por su valor estratégico como por su carácter críptico en la medida en que se trata de las fronteras de la ciencia en las cuales sólo los más importantes especialistas por área tienen alguna incidencia. Más allá de esto, la exposición y la disponibilidad en el dominio público del conocimiento científico expresa no sólo una necesidad, como decía, fundacional, sino que también desnuda una tensión inevitable y creciente en el contexto actual. Efectivamente, mientras por un lado crece la necesidad de manejar algunos conocimientos científicos y tecnológicos elementales, por otro lado, la lógica misma de la práctica científica –en un proceso que lleva siglos pero que se hace más ostensible en los últimos cien años– resulta cada vez más esotérica y exacerbadamente especializada, y justamente el poder (tanto ritual e ideológico como así también instrumental y operativo) de los especialistas es inevitable y cada vez mayor. De hecho puede decirse que, en las sociedades modernas, la brecha entre expertos y no expertos, producto principalmente del enorme volumen de conocimiento y de la creciente especialización de los científicos, nunca ha sido tan grande y, sobre todo, tan insalvable.[218]

---

[218]   Algunos autores como Fehér (1990) sostienen, pienso que acertadamente, que en verdad no habría una distinción tajante entre individuos expertos e individuos no expertos, sino que ambas calificaciones son

Acerca de los argumentos tipo 2: este punto de vista, tomado sin matices, va ligado a la consideración de que la ciencia es condición necesaria y suficiente del progreso de la humanidad en sentido general y amplio. No es necesario detallar que se trata de una concepción no solamente ingenua, sino también falsa, acerca de la historia humana y del papel de la ciencia y la tecnología en el mundo contemporáneo. La historia del siglo XX se ha encargado dramáticamente de desmoronar esta creencia, no sólo por el hecho obvio de que la tecnología ha estado puesta al servicio de la guerra y aun de la autodestrucción, sino también porque la ciencia misma ha servido en repetidas oportunidades de justificación de la discriminación, del racismo, de la opresión y del control de la humanidad (véase por ejemplo Chorover, 1979; Gould, 1996; Palma, 2005). No obstante, quiero dejar muy claro que es más peligrosa aun la falsa tesis romántica contraria, según la cual el desarrollo científico tecnológico lleva, sin más, a la degradación y a la autodestrucción. Una evaluación crítica del insoslayable e irreversible papel de la ciencia y la tecnología en el mundo actual no puede basarse ni en un iluminismo cientificista ramplón e ingenuo, ni en un decadentismo romántico y rezongón.

Acerca de los argumentos tipo 3: para aprender a usar la tecnología, al menos en la mayoría de los casos, no es necesario conocer los fundamentos de tal tecnología ni saber sobre ciencia en general. Las personas sólo necesitan y quieren un adiestramiento práctico mínimo que les permita operar exitosamente el aparataje (a veces extravagante, redundante e inútil y otras no tanto) con el cual comparten su vida cotidiana y que es cada vez más simple de manejar

---

relativas. En realidad sería más apropiado hablar de expertos que son menos expertos en otras áreas y dependen de otros expertos. De todos modos estas aclaraciones no invalidan el sentido de mi argumentación.

cuando funciona correctamente. Basta con observar niños muy pequeños, sin ningún conocimiento de ciencia ni de tecnología, operando toda clase de aparatos hogareños. De hecho, la mayoría de las personas tiene una concepción casi mágica de la ciencia y la tecnología.

Acerca de los argumentos tipo 4: el argumento en cuestión se basa en lo que podríamos llamar el *mito de la información neutral y completa* que, a su vez, presupone la transparencia del lenguaje descriptivo de la ciencia y la CPCT. Este argumento es consistente con la creencia en que el problema básico de la CPCT es la traducción/transmisión de un mensaje escrito en un lenguaje de especialistas a un lenguaje de no especialistas. Se trata de una fantasía hiperbólicamente racionalista que presupone lo que sigue:

- cada ciencia es, en lo fundamental, sólo el conjunto de información acerca de un sector de la realidad;
- la ciencia posee toda o buena parte de la información relevante;
- esta información científica está disponible y es claramente distinguible de otro tipo de información (no científica, o no relevante o ideológica);
- la CPCT permite a la ciudadanía estar en posesión de la información relevante;
- las decisiones se toman, finalmente, sobre la base de la posesión de información científica.

Dejando en claro preliminarmente que si bien a veces puede tomarse la decisión correcta o útil sin conocer nada sobre la cuestión y, en ocasiones, el mejor especialista en algún tema puede errar, considero, *a priori*, si se quiere estadísticamente, que siempre es mejor conocer más que conocer menos sobre algún asunto para tomar decisiones. Sin embargo estas situaciones de transmisores y receptores ideales en condiciones ideales de comunicación no se dan nunca y las premisas explicitadas más arriba, tal y como han sido enunciadas, son falsas o cuando menos incompletas. En efecto: la ciencia puede proveer de información acerca del mundo pero ésta en muchas ocasiones no se encuentra totalmente consolidada: incluye, a veces implícitamente, problemas, errores, mares de ignorancia, consecuencias de todo tipo –ideológicas, éticas, de relaciones de poder, de política científica, etc.– que exceden a la ciencia misma; la disponibilidad y el acceso a la información científica muchísimas veces son aleatorios; al menos en la CPCT de periódicos y revistas, aparece a veces en un todo indiviso con notas de dudosa procedencia (este libro trata, en parte, de ello) y el lector no especialista no posee ningún criterio que le permita discriminar; para la toma de decisiones en los casos en los cuales hay información científica consolidada generalmente se recurre al especialista que induce la decisión; y finalmente, en muchas ocasiones, las decisiones surgen de verdaderos dilemas (es decir situaciones en las cuales no hay "mejor decisión" o cualquier decisión es mala en términos de sus consecuencias) para los cuales la información científica disponible es irrelevante o no tiene ninguna respuesta disponible (no por el estado incompleto del conocimiento sino porque no tiene nada para decir sobre algunas cuestiones humanas).

Acerca de los argumentos tipo 5: con respecto a este grupo de argumentos, vayamos por partes. En primer lugar todas las encuestas que se han hecho sobre percepción pública de la ciencia y la tecnología arrojan resultados parecidos: la población reconoce la gran importancia de la inversión en ciencia y tecnología.[219] Sospecho que, más

---

[219]   Hay que reconocer que se trata de una aprobación en abstracto o ideológica, porque esas mismas encuestas desnudan un gran desconocimiento en la población promedio de cuestiones elementales de ciencia y del funcionamiento del sistema científico.

que la CPCT, son las necesidades de la vida cotidiana y la vigencia de un imaginario sobre la ciencia presente ya en la escuela las razones de tal anuencia y consenso. En segundo lugar, las decisiones sobre política científico-tecnológica resultan de vital importancia para el desarrollo (o subdesarrollo) de los países, pero son discusiones y decisiones acerca de la pertinencia, que en el mejor de los casos deberían versar acerca de las necesidades sociales y las prioridades de cada país. En la práctica, esas decisiones son tomadas por especialistas y políticos a partir de un complejo entramado de relaciones de poder –simbólico, real, académico o político– hacia el interior de la comunidad científica y en la esfera política. En tercer lugar, pensar que la población puede contribuir a controlar de alguna manera la inversión en ciencia y tecnología a través de la CPCT es una ingenuidad y una falacia mayor. De hecho, en ocasiones, a las propias agencias de subsidios a la investigación les resulta casi imposible controlar la eficiencia de la utilización del dinero invertido.[220]

Por último, también se argumenta que la CPCT puede contribuir a mejorar la relación entre la producción de conocimiento y el aparato productivo y, sobre todo, contribuir a la innovación tecnológica. Se trata de una relación complejísima que no vamos a tratar de elucidar aquí –mares de tinta se han volcado en las últimas décadas sobre el punto–. Pero, cuando menos, digamos que pensar que la CPCT puede contribuir a mostrar y ofertar un abanico de posibilidades para que el sector productivo tome conocimiento del mismo en una suerte de feria pública de descubrimientos e inventos y, a partir de allí, comience

---

[220]   Cabe también cuestionarse los criterios de eficiencia en el uso de fondos en investigación para una actividad que, en términos de racionalidad económica, es esencialmente ineficiente.

a utilizarlo es, cuando menos, una ingenuidad que una ingente literatura se ha encargado de desbaratar.[221]

Los señalamientos precedentes, repitámoslo una vez más, no invalidan los argumentos acerca de la necesidad de consolidar y desarrollar la CPCT, sino que más bien apuntan a esbozar, parafraseando (una vez más) a Kant, una suerte de crítica de la razón comunicadora de la ciencia, para elucidar cuáles son sus límites, sus alcances y sus posibilidades.

2. La paradoja fundacional de la CPCT

2.1 La búsqueda inútil de la piedra rosetta

Básicamente, debe señalarse que *la CPCT no es la traducción más o menos precisa y fiel de un lenguaje especializado y ajeno al oyente, por otro más cercano y cotidiano. Hay efectivamente dos lenguajes, uno el de la ciencia especializada y otro el de la CPCT, pero el segundo no es una paráfrasis del primero en una terminología más accesible al lego.* El esfuerzo por lograr una versión más comprensible al público no iniciado quizá genere la ilusión de que la clave de la cuestión radica, justamente, en esa operación de traducción, pero en verdad la CPCT es un discurso metacientífico, con agenda y contenidos propios y específicos:

---

[221] Por detrás de los argumentos 4 y 5 hay una discusión dentro de la CPCT según la cual habría dos modelos (véase Durant, 1999). Un modelo de déficit, en línea con una versión estándar de la divulgación científica, que va desde los científicos como expertos hacia un público lego, privilegiando el lado del científico como experto que instruye, como puede, al público inexperto. Del otro lado, lo que se denomina, algo pomposamente digamos, "modelo democrático" en el cual se plantea *a priori* una relación de igualdad entre expertos y no expertos, se propicia la instalación de debates, incluyendo otras formas de *experticia*, con todos los actores, y que incluye no sólo el conocimiento especializado en sentido formal, sino valores e intereses.

ella dice algo *sobre* la ciencia, pero no transmite una versión traducida de la ciencia.

El asunto de la imposibilidad de traducción literal y precisa de un lenguaje a otro ha sido profusamente tratado en la filosofía del lenguaje y en la filosofía de las ciencias de las últimas décadas (por citar sólo algunos, los trabajos de W. O. Quine, D. Davidson, N. R. Hanson, Th. Kuhn y P. Feyerabend). Es un tema bastante complejo que aquí sólo trataré de ilustrar a partir de algunos ejemplos. En primer lugar una anécdota relatada por Ernesto Sábato en *Uno y el Universo*:

> Divulgación
> Alguien me pide una explicación de la teoría de Einstein. Con mucho entusiasmo le hablo de tensores y geodésicas tetradimensionales.
> –No he entendido una sola palabra –me dice– estupefacto. Reflexiono unos instantes y luego, con menos entusiasmo, le doy una explicación menos técnica, conservando algunas geodésicas pero haciendo intervenir aviadores y disparos de revólver.
> –Ya entiendo casi todo –me dice mi amigo con bastante alegría. Pero hay algo que todavía no entiendo: esas geodésicas, esas coordenadas...
> Deprimido, me sumo en una larga concentración mental y termino por abandonar para siempre las geodésicas y las coordenadas; con verdadera ferocidad, me dedico exclusivamente a aviadores que fuman mientras viajan con la velocidad de la luz, jefes de estación que disparan un revólver con la mano derecha y verifican tiempos con un cronómetro que tienen en la mano izquierda, trenes, campanas y gusanos de cuatro dimensiones.
> –¡Ahora sí, ahora entiendo la relatividad! –exclama mi amigo con alegría.
> –Sí –le respondo amargamente–, pero ahora no es más la relatividad.

Lo contrario al relato de Sábato ocurrió hace algo más de 200 años. El 15 de julio de 1799, en el pueblo egipcio de Rashid (llamado Roseta –o Rosetta– por los franceses) el capitán francés Pierre Bouchard, cuando las tropas de Napoleón Bonaparte se encontraban peleando contra las de Gran Bretaña en Egipto, encontró un trozo de basalto negro que pasó a llamarse piedra de Roseta (o Rosetta). En esa piedra se encontraba escrito el texto de un decreto de Ptolomeo V en tres formas de escritura: jeroglífica, demótica y griego uncial (es decir, escrita con letras mayúsculas). Sobre la base de comparar las formas de escritura desconocidas –la de los jeroglíficos– con las otras conocidas, elaborando una serie de hipótesis y desarrollando un trabajo de gran complejidad, Jean-François Champollion, conocido como *Champollion el joven* (1790-1832), pudo descifrar finalmente la escritura jeroglífica. A pesar de la enorme dificultad práctica del trabajo realizado por Champollion, conceptualmente el problema no ofrece dificultad alguna: mientras haya una lengua conocida –o una lengua franca– siempre parece posible hacer la traducción.

Pues bien, entre ciencia y ciencia divulgada o enseñada *no hay piedra Rosetta*. Ambos relatos nos enfrentan directamente con el problema de la indeterminación de la traducción o con una de sus consecuencias, la inconmensurabilidad entre lenguajes. Hay una intraducibilidad fundacional e insalvable del lenguaje científico –lo mismo ocurre en la educación formal para no científicos– que hace que la CPCT, en algún sentido, sea imposible si lo que se pretende es transmitir ciencia. Debe señalarse, sin embargo, que se trata de una *paradoja fundacional*: mientras que por un lado muestra que, en algún sentido, es una tarea imposible, por otro lado resulta una tarea a la cual no se puede renunciar. Es imposible si lo que se pretende es transmitir, traducida, la ciencia que producen los científicos, pero insoslayable y que debe llevarse a cabo por los argumentos y contraargumentos que expusimos más arriba.

Estos ejemplos –uno por la negativa y otro por la positiva– muestran un problema que no es circunstancial; que tampoco es exclusivo del que hace el esfuerzo por explicar la teoría de la relatividad ni de la incapacidad del que requiere la explicación: existe verdaderamente una suerte de inconmensurabilidad entre la ciencia "de los científicos" y la ciencia divulgada o la ciencia que se enseña en las escuelas inicial y media. El concepto de inconmensurabilidad tiene una larga y controversial trayectoria dentro de la filosofía de las ciencias. En las versiones de Feyerabend (1975) y de los primeros trabajos de Kuhn (1962/1970) parece conducir indefectiblemente al relativismo. En los últimos trabajos de Kuhn (1990) pasa a designar la imposibilidad de realizar una traducción plena entre dos lenguajes. Algo similar a lo que ocurre en la traducción entre idiomas diferentes sucede, según Kuhn, entre los miembros de distintas comunidades científicas, en tanto constituyen también comunidades lingüísticas. Esto sin duda también sucede entre la comunidad científica y la comunidad en general. Los miembros de cada comunidad lingüística comparten un lenguaje común ("homología léxica" en términos de Kuhn), a través del cual constituyen un mundo experiencial semejante a una ontología, con taxonomías y relaciones propias. Aunque siempre es posible pensar en científicos o en personas bilingües que puedan comprender cabalmente dos lenguajes, la traducción en sentido estricto y pleno presenta enormes dificultades.

Para el caso de la CPCT, convertirse en bilingüe implica ni más ni menos que el hecho de que el público deba ir convirtiéndose en científico, lo cual no es posible, ni esperable, ni siquiera deseable. El problema de la intraducibilidad, en un sentido fuerte y riguroso, es insalvable, cosa que muestra en una versión pesimista el relato de Sábato.

Ahora bien, planteado esto y corriéndose un poco de la cuestión, hay que reconocer que, finalmente, la gente se entiende, los científicos se entienden entre sí y con sus adversarios teóricos, y la cuestión de la comunicación más o menos funciona. Quizá la constatación de hecho de que las cosas funcionan y de que algún nivel de comunicación y de comprensión existe sin dudas conlleve la ilusión de pensar que se trata sólo de optimizar los mensajes que se muestran parciales y plagados de "ruidos". Aquí, como en muchas otras cosas, se impone un cambio de enfoque, pues los que discuten acerca de la CPCT sobre la base del problema de la traducción atacan el problema equivocado. Buscan una piedra Rosetta que no existe. Ahora bien, esto no significa que la ciencia sea una actividad y un saber vedados a las personas comunes sino, antes bien, lo que se pone en evidencia es la necesidad de redefinir teóricamente el sentido, y probablemente los contenidos, de la CPCT, dado que no podemos renunciar a la socialización del conocimiento científico. En este sentido, quiero sentar desde ahora posición sobre algunos puntos para que no haya confusión posible respecto del valor que le otorgo al conocimiento en general y al conocimiento científico en particular. Considero que una condición necesaria –aunque clara y definitivamente insuficiente– para construir un mundo más justo, más igualitario y más democrático es el conocimiento y, por tanto, sostengo, axiomáticamente aquí, que:

- es mejor saber que no saber;
- es mejor saber más que saber menos;
- el conocimiento debe ser difundido universalmente;

2.2 La CPCT como discurso metacientífico

El cambio de enfoque que se señalaba en los párrafos precedentes implica considerar a la CPCT como un *discurso metacientífico.* Convengamos que la ciencia constituye, en tanto producto considerado lingüísticamente, un discurso de primer orden, es decir, que tiene por objeto al mundo. Aunque es una caracterización no exenta de problemas –de hecho, los debates de los últimos cien años en la reflexión sobre la ciencia lo demuestran– sirve, sin embargo, para diferenciarla de los discursos de segundo orden o metacientíficos; aquéllos que hablan de la ciencia, es decir cuyo objeto de análisis y cuya discusión son el fenómeno de la ciencia bajo sus múltiples perspectivas (semánticas, metodológicas, históricas y sociológicas). La CPCT es un discurso metacientífico, es decir que es una construcción a partir de la ciencia; no es ciencia (mal o bien traducida) sino que habla de la ciencia y lo hace de un modo particular y propio. Y no es una diferencia menor la que va de considerar a la CPCT como el arte de traducir a considerarla como un discurso metacientífico.

La constitución, la formación y la agenda de sus contenidos depende de ello porque implica entrar en un diálogo interdisciplinario con las otras áreas metacientíficas, que constituyen un campo sumamente complejo y rico que se ha ido consolidando como resultado de décadas de debate, y que ha dado en llamarse *estudios sobre la ciencia y la tecnología.* Incluye: la filosofía general de la ciencia, las filosofías especiales de la ciencia (de la biología, de la física, de la matemática, etc.), las nuevas historiografías de la ciencia, la sociología de la ciencia tradicional y las nuevas sociologías del conocimiento científico, la antropología de laboratorios, la retórica de la ciencia, los estudios CTS, la filosofía de la tecnología, los estudios sobre política científico-tecnológica. Pero esta proliferación de perspectivas –con sus naturales contradicciones y complementariedades– no es más que el reflejo de la complejidad del objeto en estudio. La ciencia es multifacética en grado sumo, tanto como resultado de su génesis multicausada como así también porque genera una enorme y variada cantidad de consecuencias para la vida humana. Una CPCT que sólo pretenda ser una traducción (empobrecida) de noticias científicas no sólo resultará casi totalmente inútil para la población sino que contribuirá a reforzar una serie de mitos acerca de la ciencia, sus alcances, sus limitaciones y sus formas de producción. Como correlato de su carácter metacientífico y de poder llegar a constituirse en un área académicamente genuina, la CPCT debería ser el resultado de la formación académica y profesional en el área de los estudios sobre la ciencia.

No es mucho lo que se pueda decir sobre los contenidos para una agenda estándar de CPCT; después de todo, la variedad y la amplitud que nos ofrece el panorama del trabajo de los científicos es prácticamente inagotable. Sin embargo, sólo quisiera llamar la atención sobre un notorio faltante. Uno de los principales tópicos de la ciencia moderna es justamente la ciencia misma, y esta temática nunca aparece abordada. Por ejemplo, el conjunto mismo de problemas que, brevemente, he esbozado más arriba bajo la forma de argumentos y contraargumentos. Esas temáticas no son ni externas ni previas a la CPCT, sino parte sustancial de su agenda de temas, cosa que en general rara vez ocurre (sí en algún tipo de divulgación, pero nunca en el periodismo científico). La CPCT (sus formatos, sus temas y sus estilos) aparecen como dados y casi nunca reflexiona sobre sí misma ni sobre la ciencia, lo cual sólo ocurre en publicaciones especializadas, pero que están dirigidas, más que nada, a consolidar el nicho académico de la CPCT misma. Si hay algo importante en lo cual la CPCT podría contribuir es, no tanto en propalar noticias científicas, sino justamente en promover e instalar la reflexión sobre el papel, los alcances y los límites de la racionalidad científica y tecnológica en el mundo contemporáneo, que posibilite un posicionamiento crítico respecto de los significados sociales, sean éstos instrumentales o simbólicos.

3. La paradoja coyuntural de la CPCT

Para finalizar, quisiera dejar planteada la segunda paradoja de la CPCT que, a diferencia de la primera explicada más arriba, no es fundacional sino coyuntural. La CPCT, incluso aquélla que se enmarca en el mero espectáculo o divertimento, tiene un alcance tan escaso que difícilmente pueda pensarse que de ello depende la acción de la ciudadanía. Los que viven de la CPCT, ante esta ineficacia, suelen esgrimir una suerte de "lamento iluminista" *ad hoc*: ello ocurriría porque la población no sabe o no ha alcanzado los niveles adecuados y, como consecuencia, se reclama que, a pesar de todo, hay que seguir insistiendo hasta lograr los objetivos. Se trata de argumentos claramente incontrastables, del mismo estilo que los que utilizan los economistas que en los años noventa propugnaban por la privatización de todo lo público y por la "flexibilización laboral" ante los resultados desastrosos de esa política: "no se ha hecho lo suficiente o se lo ha hecho mal". Lejos de aceptar que están equivocados, ensayan parches o le echan la culpa a la instrumentación concreta de sus ideas. Mientras tanto el nicho académico, profesional y de supervivencia queda incólume.

Quizá habría que poner el acento en otro lado: si se aceptan, con las precauciones del caso, los argumentos señalados más arriba, sobre la necesidad de que la ciencia forme parte del bagaje cultural estándar de la población, debería insistirse y poner el esfuerzo mayor en el ámbito de la enseñanza formalizada. Por supuesto que esto no resuelve la cuestión y sólo la traslada a otra instancia con sus propias deficiencias y su agenda de problemas (bastante grandes por cierto). Y también es legítimo sostener que la CPCT puede contribuir a completar y/o actualizar el conocimiento, pero, en tal caso, no se trataría de algo de lo cual dependería la resolución de desafíos a los que se ven expuestos los individuos en las sociedades modernas, en la medida en que la CPCT es *fraccionada, voluntaria, no evaluable y no sistemática*. Dicho en pocas palabras: *o bien la CPCT sigue siendo un entretenimiento para pocos, que oscila según la moda y los impactos mediáticos de algunos temas al tiempo que también es un nicho académico de supervivencia para algunos que tienen capacidad de* lobby *en las agencias de investigación nacionales e internacionales y en otras instituciones tales como universidades, y en tal caso nunca podrá cumplir con los fines y objetivos que dice tener, o bien es realmente tan importante como se dice y, en ese caso, habrá que pensar que la enseñanza formalizada (modificando, obviamente algunas de las condiciones actuales) resulta el recurso más genuino y eficaz para hacerlo. En cualquier caso, se impone rever los alcances y el estatus de la CPCT.*

4. Acerca del PC

Para finalizar digamos algo sobre el PC en particular. A juzgar por lo visto a lo largo de este libro, una hipótesis preliminar sobre lo que no diré nada más y quedará para el futuro es que aun en las mejores universidades del mundo (según la imagen corriente y algunos indicadores estándar) se investiga y, sobre todo, se invierte mucho dinero en investigaciones de dudosa calidad y relevancia.

Como se ha dicho, el PC es una especialidad y un nicho académico, profesional y laboral, tan respetable como cualquier otro, y una forma legítima de hacer CPCT, pero que adolece de algunas limitaciones insolubles. Muchos piensan que debe ser realizado por periodistas científicos en diálogo y con apoyo de científicos o bien por científicos con ciertas habilidades literario/didácticas. Sin embargo, en líneas generales, se trata, pienso, de un campo de saqueo o depredación ocupado por intrusos, algunos de los cuales, es justo reconocerlo, lo hacen muy bien: periodistas inquietos, profesores con vocación mediática, científicos con vocación de escritores, científicos que suplen la falta de reconocimiento académico por reconocimiento mediático, o también por científicos que, alentados y legitimados por los premios recibidos, encuentran campo fértil para lucubraciones y especulaciones de variada índole. En la práctica esto se expresa por un lado en la desconfianza que los científicos tienen en el PC y en la CPCT en general y, por otro lado, en el menosprecio que las comunidades científicas sienten por la CPCT, descalificación que se hace patente en los sistemas de evaluación por pares que otorgan poco o ningún valor a las publicaciones de CPCT.

Además, el PC no cumple con ninguno de los argumentos expuestos para hacer CPCT. En efecto, si se acepta que la CPCT es una tarea importante e insoslayable para el mejor funcionamiento de las sociedades actuales, ¿por qué habría que dejarla entonces en manos de las empresas de medios masivos de comunicación? ¿Por qué habría que dejar semejante responsabilidad en manos de los escasos y en general poco leídos suplementos o secciones de ciencia de algunas publicaciones, por no hablar de publicaciones más especializadas que tienen aun menor difusión (aunque, justo es decirlo, general e inversamente, mayor calidad)? Hay, a mi juicio, una inconsistencia fuerte entre la importancia que se pretende otorgar a la CPCT y algunos de los mecanismos propuestos y utilizados para lograrlo. Algunos periodistas científicos (y algunos científicos) siguen creyendo que la CPCT debe y puede ser masiva y que finalmente se trata de proponer el mensaje adecuado o el *show* mediático más interesante para alcanzar tal meta, como si la clave de su actividad fuera una cuestión eminentemente metodológica (didáctica) cuyo remedio consistiría en montar el escenario más adecuado, interesante y atractivo para el público. Lo más seguro es que la CPCT, entendida como la posibilidad de acceder y desarrollar posiciones críticas frente a la ciencia, nunca logrará tener un sentido masivo.

La lógica de funcionamiento de los medios masivos resulta inadecuada, en principio, para la CPCT. En primer lugar, hay que tener en cuenta que los tiempos de elaboración, la necesidad de espectacularidad y de tener todo el tiempo noticias nuevas, la escasez de mecanismos de control académico y la selección de temáticas abordadas que guían el funcionamiento de los medios masivos no tienen nunca o casi nunca su correlato en el funcionamiento de la ciencia. El periodismo científico parece necesitar revoluciones científicas semanales o, a lo sumo, quincenales (para beneplácito de quienes creen que hay orden y armonía en el mundo, en general esto coincide con la periodicidad del medio), pero el trabajo de los científicos suele ser mucho más monótono y menos espectacular.

En segundo lugar, es necesario remarcar una vez más que la ciencia no es transmisión de datos, por lo cual resumir una cantidad de noticias sobre desarrollos científicos y tecnológicos, si bien puede tener cierta utilidad, no responde a ninguno de los argumentos esbozados más arriba.

En tercer lugar, la necesidad de la venta masiva depende fundamentalmente del interés del público. Una de las consecuencias de ello es la aparición y desaparición continua de publicaciones o suplementos de CPCT –lo cual en sí mismo no sería un gran problema salvo porque se sostiene que la CPCT es una tarea fundamental–. Otra consecuencia más lamentable de este aspecto puede observarse en algunas publicaciones –no todas por cierto– en las cuales se mezclan artículos de ciencia con OVNIS, astrología, magia, autoayuda, etc. Se podrá argumentar que hay buenas publicaciones de CPCT y otras que no lo son, lo cual es estrictamente cierto, pero la mescolanza que señalo, aunque en diferente medida, es más corriente de lo que se supone, y además no hay que olvidar que el público en general no suele tener mayores elementos de juicio para elegir; a lo que se agrega que las buenas revistas de divulgación son de escasa tirada.

Buena parte del PC responde a la necesidad de algunos sectores de la comunidad científica de dar algún golpe de efecto mediático, sea por cuestiones meramente narcisistas, sea para conseguir y/o justificar la utilización de fondos.

Una cuestión no menor resulta de la altísima permeabilidad de los medios masivos al *lobby* de muchas empresas, en tanto potenciales anunciantes, como auspiciantes de producciones especiales de CPCT o simplemente por mantener buenas relaciones con los medios. Por ejemplo laboratorios de especialidades medicinales que montan operaciones de prensa destinadas a la venta masiva de productos no necesarios, a bajar los estándares de los protocolos de medicación de diversas enfermedades, empresas de transgénicos o que producen residuos contaminantes, etc. Este tipo de problemas se da en general, justamente, en aquellas cuestiones en las cuales los ciudadanos deberían hacer uso de su capacidad de decisión. No es una cuestión desdeñable aunque, para ser justos, en tiempos de libertad de empresa –autodefinida eufemísticamente como "libertad de prensa" –, el problema de la capacidad y la proclividad a producir "operaciones de prensa" es inmensamente mayor en otras áreas ajenas por completo a la CPCT.

Una cuestión estructural, menor en términos conceptuales para pensar el problema de fondo, pero importante a la hora de evaluar productos como los expuestos a lo largo de este libro, es la profunda ignorancia y el escasísimo cuidado a la hora de escribir notas científicas.

El uso de terminología e invocaciones científicas en los medios masivos en la publicidad, si bien resulta colateral al tema que aquí nos ocupa, bien puede considerarse como parte de un similar estilo de concebir ideológicamente a la ciencia. Hay algunos formatos estándares. En primer lugar la invocación a una investigación científica que, supuestamente, se encuentra por detrás del producto publicitado como fuente de certeza y confiabilidad, aunque sólo sea eso: una invocación vacía de contenido. En segundo lugar el uso de supuestos contenidos científicos en los productos, generalmente bajo la forma de exageraciones inadecuadas o directamente usando conceptos sin sentido asociados a la ciencia y en una jerga ininteligible.

Finalmente, el PC asociado a otras formas de CPCT se ha convertido, como no podía ser de otra manera, en un nicho profesional con sus propios rituales, sus características, sus internas de poder y sus referentes. Según la lógica mediática, la fascinación y la legitimación operan casi por la mera presencia repetida y no por la calidad. No sólo a la población en general, sin capacidad de decisión, le ocurre esto, sino también los científicos y las autoridades se cholulizan y festejan, premian y subsidian acríticamente lamentables groserías intelectuales, despropósitos didácticos, errores científicos, banalidades ególatras. Esta imposibilidad de ver al rey desnudo hace muy difícil remover obstáculos inveterados que conspiran contra la calidad y la seriedad.

De modo tal que el PC, en la forma que hemos visto a lo largo de este libro, no solamente no cumple con los objetivos que suele invocar como su razón de ser, sino que además refuerza una serie de mitos y de concepciones ideológicas acerca de la ciencia. Si el PC ha de ser un modo habitual de construir representaciones acerca de la actividad científica debería ser revisado hasta sus fundamentos.

BIBLIOGRAFÍA

Albornoz, M. *et al* (2006), "Informe Final del proyecto 'Análisis de la oferta informativa sobre ciencia y tecnología en los principales diarios argentinos'", Buenos Aires, Secretaría de Ciencia, Tecnología e Innovación Productiva-Observatorio de Ciencia, Tecnología e Innovación Productiva, Mimeo.

Ares, F. (2000), "La Divulgación científica, clave de la democracia en el siglo XXI", *Divulgar la ciencia, Actas de las XIV Jornadas Internacionales de la Comunicación*, Pamplona, Ediciones Eunate.

Belocopitow, E. (1998), "¿Por qué hacer divulgación científica en la Argentina?", *REDES*, Buenos Aires, Universidad de Quilmes, vol. 5, núm. 11, pp. 141-163.

Chorover, S. L. (1979), *From Genesis to genocide*, Nueva York, MIT. En español: *Del génesis al genocidio*, Buenos Aires, Editorial Orbis S. A., 1985.

Di Trocchio, F. (2007), *Las mentiras de la ciencia*, Alianza Editorial.

Dobzhansky, Th. (1973), *Genetic Diversity and Human Equality*, Th. Dobzhansky. En español: *Diversidad genética e igualdad humana*, Barcelona, Labor, 1978.

Dreyfus, H. (1992), *What Computers Still Can't Do: A Critique of Artificial Reason*, MIT Press.

Dupré, J. (2003), *Darwin`s Legacy: What Evolution Means Today*, Cambridge, Oxford University Press. En español: *El legado de Darwin*, Buenos Aires, Katz Editores, 2006.

Durant, J. (2000), "Divulgación científica en la era escéptica", *Divulgar la ciencia, Actas de las XIV Jornadas Internacionales de la Comunicación*, Pamplona, Ediciones Eunate.

Durant, J. (1990), "Copernicus and Conan Doyle: or, why should we care about the public understanding of science", *Science Public Affairs*, vol. 5, núm. 1, pp. 7-22.

Durbin, P. (2003), "Conocimiento técnico y discurso público", *Revista Iberoamericana de Ciencia, tecnología y sociedad*, vol. 1, núm. 1, Buenos Aires, Centro REDES.

Fayard, P. (1988), *La communication scientifique publique*, Lyon, Chronique Sociale.

Fehér, M. (1990), "Acerca del papel asignado al público con los filósofos de la ciencia", en Ordóñez, J. y Elena, A. (comps.), *La ciencia y su público: perspectivas históricas*, Madrid, CSIC, pp. 421-443.

Feyerabend, P. (1975), *Against Method*, Londres, New Left Books.

García González, A. y Álvarez Peláez, R. (2007), *Las trampas del poder. Sanidad, eugenesia y migración. Cuba y EEUU (1900-1940)*, Madrid, CSIC.

Golombek, D. (2004), "Bajar es lo peor", en Wolovelsky, E. (ed.) (2004).

Gould, S, J. (1983), *Hens's Teeth and Horses's Toes*, Nueva York, W. W Norton Company. En español: *Dientes de gallina y dedos de caballo*, Barcelona, Crítica, 2004.

Gould, S. J. (2002), *The Structure of Evolutionary Theory*, Havard College. En español: *La estructura de la teoría de la evolución*, Barcelona, Tusquets, 2004.

Gould, S. J. (1996), *The Mismeasure of man* (edición aumentada y revisada), Nueva York, W.W. Norton Company. En español: *La falsa medida del hombre*, Barcelona, Crítica, 2003.

Hanson, N. R. (1958), *Patterns of Discovery*, Cambridge, Cambridge U.P.

Hubbard, R. y Wald, E. (1999), *El mito del gen*, Madrid, Alianza Editorial.

Hurtado, D. (2004), "La historia de la ciencia como arqueología de valores epistémicos", en Wolovelsky, E. (ed.) (2004).

Hurtado, D. y Vara, A. (2004), "Comunicación pública, historia de la ciencia y 'periferia'", en Wolovelsky, E. (ed.) (2004).

Jacob, F. (1970), *La logique du vivant. Une histoire de l'heredité*, París, Editions Gallimard. En español: *La Lógica de lo viviente*, Barcelona, Laia, 1977.

Jacob, F. (1981), *Le jeu des possibles*, París, Fayard.

Kevles, D. J., (1995), *In the name of eugenics*, Cambridge, Harvard University Press.

Koyre, A. (1939), *Études galiléennes*, París, Herman y Cie. En español: *Estudios galileanos*, México, Siglo XXI, 1998.

Kuhn, T. (1962-1970), *The Structure of Scientific Revolutions*, Chicago, University of Chicago Press. En español: *La estructura de las revoluciones científicas*, México, FCE, 1992.

Kuhn, T. (1990), "The Road since Structure", PSA, vol. 2.

Leitão, P. y Albagli, S. (1997), "La popularización de la ciencia y la tecnología: una revisión de la literatura", en Martínez, E. y Flores, J. (comps.), *La Popularización de la Ciencia y la Tecnología. Reflexiones Básicas*, México, FCE, Unesco- RedPOP.

Maynard Smith, J. y Szathmary, E. (1999), *The Origins of Life. From the Birth of Life to the Origin of Language*. En español: *Ocho hitos de la evolución*, Barcelona, Tusquets, 2001.

Mayr, E. (2004), *What Makes Biology Unique*, Cambridge, Cambridge Press. En español: *Por qué es única la biología*, Buenos Aires, Katz Editores, 2006.

Miranda, M. y Vallejo, G. (comp.) (2005), *Darwinismo social y eugenesia en el mundo latino*, Buenos Aires, Siglo XXI.

Miranda, M. y Vallejo, G. (comp.) (2008), *Políticas del cuerpo. Estrategias modernas de normalización del individuo y la sociedad*, Buenos Aires-Madrid, Siglo XXI.

Navas, A. (2000), "Una visión particular de la percepción social de la ciencia: entusiasmo, trivialización, desencanto", *Divulgar la ciencia, Actas de las XIV Jornadas Internacionales de la Comunicación*, Pamplona, Ediciones Eunate.

Palma, H. (2004), *Metáforas en la evolución de las ciencias*, Buenos Aires, J. Baudino Ediciones.

Palma, H. (2005), *"Gobernar es seleccionar". Historia y reflexiones sobre el mejoramiento genético en seres humanos*, Buenos Aires, J. Baudino Ediciones.

Palma, H. (2008), *Metáforas y modelos científicos*, Buenos Aires, Libros del Zorzal.

Pasquali (1979),

Pérez Tamayo, R., (1993), *¿Existe el método científico? Historia y realidad*, México, FCE.

Roqueplo, Ph. (1983), *El reparto del saber*, Barcelona, Gedisa.

Popper, K. (1972), *Conjectures and Refutations. The Growth of Scientific Knowledge*, Londres, Routledge and Kegan Paul. En español: *Conjeturas y refutaciones. El desarrollo del conocimiento científico*, Buenos Aires, Paidós, 1989.

Popper, K. (1972), *Objective Knowledge*, Oxford, The Clarendon Press Oxford. En español: *Conocimiento objetivo. Un enfoque evolucionista*, Madrid, Tecnos, 1988.

Popper, K. (1962), *The Logic of Scientific Discovery*, Londres, Routledge. En español: *La lógica de la investigación científica*, Madrid, Tecnos, 1999.

Quine, W. (1969), *Ontological Relativity and other Essays*, Nueva York, Columbia University Press.

Quine, W. (1960), *Word and Object*, Cambridge, MIT Press.

Rose, S. (1997), *Lifelines. Biology, Freedom, Determinism,* Penguin Group. En español: *Trayectorias de vida. Biología, libertad, determinismo,* Barcelona, Granica, 2001.

Ruse, M. (1973), *The Philosophy of Biology,* Nueva York, Hutchinson and Co. En español: *Filosofía de la biología,* Madrid, Alianza, 1979.

Searle, J. (1995) "Mentes y cerebros sin programas", en Rabosi, E. (ed.), *Filosofía de la mente y ciencia cognitiva,* Barcelona, Paidós, pp. 418-420.

Sober, E. (1993), *Philosophy of Biology,* Westview Press, Inc. En español: *Filosofía de la biología,* Madrid, Alianza, 1993.

Toulmin, S. (1972), *Human Understanding,* Princeton University Press.

Wolovelsky, E. (ed.) (2004), *Certezas y Controversias,* Buenos Aires, Libros del Rojas.